Suhrkamp BasisBiographie

Leben Werk Wirkung

Thomas Wild, geboren 1973, Dr. phil., Literatur- und Politikwissenschaftler, freier Autor, lebt in Berlin. Er hat den Briefwechsel zwischen Hannah Arendt und Uwe Johnson sowie das TEXT+KRITIK-Heft 166/167 zu Hannah Arendt mit herausgegeben und ein Buch über die Beziehungen zwischen Arendt und der deutschen Gegenwartsliteratur geschrieben.

Hannah Arendt

Suhrkamp BasisBiographie
von Thomas Wild

Suhrkamp BasisBiographie 17 Erste Auflage 2006 Originalausgabe

Druck: Ebner & Spiegel, Ulm · Printed in Germany
Umschlag: Hermann Michels und Regina Göllner
ISBN 3-518-18217-X ISBN 3-518-18217-8
Die Schreibweise entspricht den Regeln der neuen Rechtschreibung, Zitate werden in ihrer ursprünglichen Rechtschreibung belassen.

1 2 3 4 5 6 – 11 10 09 08 07 06

Inhalt

Wirkung

Anhang

»Auf dem Atlantik«, sagte eine ...

»›Auf dem Atlantik‹, sagte eine, ›bau ich mein Haus. Beide Kontinente sind unmöglich. Ich lebe zwischen ihnen.‹« Die Stimme, die das sagt, ist die Stimme Hannah Arendts. Nicht ihre reale, sondern eine erfundene, eine erzählte Stimme. Übermittelt von Hilde Domin in dem Roman *Das zweite Paradies* (Domin 1968, S. 73).

Zwischen den Kontinenten – das ist in vieler Hinsicht ein treffendes Bild für den »Ort« Hannah Arendts: zwischen Europa und Amerika, zwischen Deutschland und den USA, zwischen Philosophie und Politik, zwischen akademischer und nichtakademischer Welt. Ein Standort ohne feste Verankerung. Ein Ort, der nicht von vornherein festlegbar ist, sondern erst in der Vielfalt seiner wechselnden Bezüge sichtbar wird und Gestalt annimmt.

Zwischenräume trennen. Der Raum zwischen Deutschland und den USA zum Beispiel markiert eine Distanz: zwischen dem Land, in dem Hannah Arendt geboren wurde, aufwuchs, studierte, aus dem die Jüdin 1933 nach der Machtergreifung der Nazis fliehen musste, und jenem Land, das ihr zur zweiten Heimat wurde, dessen Staatsbürgerschaft sie 1951 annahm, weil dort die Freiheit bestand, »Bürgerin zu werden, ohne den Preis der Assimilation bezahlen zu müssen« (SPR, S. 4).

Zwischenräume trennen nicht nur, sie verbinden auch. Hannah Arendt blieb dem Land ihrer Herkunft und Muttersprache zeitlebens verbunden. Nach Deutschland, nach Europa kehrte sie als Berichterstatterin amerikanischer Zeitschriften, als Buchautorin, Essayistin, Vortragende zurück, und nicht zuletzt, um Freundschaften zu pflegen, deren Überleben – wie etwa im Glücksfall mit Karl und Gertrud Jaspers – Arendt nach dem »ganzen Höllenspektakel [...] wieder etwas heimatlicher in dieser Welt zumute« sein ließ (AJA, S. 58).

»Zwischenraum« ist zudem ein zentraler Begriff der politischen Philosophie Hannah Arendts. Im »Zwischen« der Menschen tritt die Welt in Erscheinung, welche die politisch Handelnden und Sprechenden voneinander trennt und miteinander verbindet. Es ist der Erscheinungsraum des Politischen. Wobei der Sinn von Politik die Freiheit ist, »ein nur von Vielen zu erstellender Raum, in welchem jeder sich unter seinesgleichen bewegt« (WIP, S. 39). Die Vernichtung dieses Raumes durch totalitäre Herrschaftsmethoden hat Arendt am eigenen Leibe erfahren. Ihr Denken und Schreiben widmete sie der Suche nach den Gründen für jene Zerstörung – und zugleich den Möglichkeiten, ein verbindliches Verständnis von Politik in der Gegenwart neu zu begründen.

Zur Hinterlassenschaft dieser Suche gehören Bücher wie *Elemente und Ursprünge totaler Herrschaft*, *Vita Activa* oder *Über die Revolution*, Essays zu politischen Grundbegriffen wie Freiheit, Autorität, Macht und Gewalt, politische Artikel über Rassentrennung, über die Watergate-Affäre oder den Vietnam-Krieg, aber auch Porträts großer Denker und Literaten von Rosa Luxemburg über Walter Benjamin bis Bert Brecht oder Tania Blixen; und nicht zuletzt Briefe, die Hannah Arendt mit so unterschiedlichen Menschen wie Martin Heidegger oder Kurt Blumenfeld, Mary McCarthy oder Uwe Johnson wechselte. Schriften je eigenen Zuschnitts, mit denen Hannah Arendt »zwischen den Kontinenten« von Vergangenheit und Zukunft, Philosophie und Politik, Wissenschaft und Kunst den Bestand einer gemeinsamen Welt »unter dem Neigungswinkel« (Paul Celan) des 20. Jahrhunderts erforschte.

Zu Arendts Hinterlassenschaft gehört auch ihr Verhalten als Intellektuelle, ihr Auftreten als öffentliche Person. Hier steht sie ebenfalls »dazwischen«. Sie ist keiner philosophischen oder akademischen Denkschule, keiner politischen Partei, keiner gesellschaftlichen Gruppe eindeutig zuzuordnen. Arendt spricht im eigenen Namen – das weckt Verdacht. Dies wurde besonders deutlich in der Kontroverse um ihren Bericht über den Jerusalemer Prozess gegen den NS-Verbrecher Adolf Eichmann. Arendt erkannte in dem bürokratischen Verwalter des Massenmordes an den europäischen Juden keinen dämonischen Fanatiker, sondern eine erschreckende »Banalität des Bösen«. Ein NS-Täter von typischer Gedanken- und Gewissenlosigkeit, äußerlich unauffällig wie jene »ganz normalen Männer«, die für zahllose Verbrechen verantwortlich waren, aber unbehelligt im Nachkriegsdeutschland weiterlebten –

ein explosiver Befund. Amerikaner, Israelis, Deutsche, Religiöse wie Liberale attackierten die New Yorker Autorin. Mutig bewahrte Arendt ihre charakteristische Haltung der Unabhängigkeit, die »sich unter kein Urteil zwingen lässt als das eigene« (AJO, S. 119).

In Deutschland wurde Hannah Arendt lange Zeit kaum beachtet. In der DDR konnten die Bücher der Verfasserin von *Elemente und Ursprünge totaler Herrschaft* aus naheliegenden Gründen nicht erscheinen. In der Bundesrepublik traf das republikanische Denken der in die USA emigrierten Jüdin besonders bei den Linken, die das intellektuelle und kulturelle Leben seit Mitte der 1960er Jahre beherrschten, auf weitgehendes Unverständnis. Erst die Zeitenwende von 1989 öffnete den Blick neu. Ein regelrechter Arendt-Boom, in dessen Sog mittlerweile Forschungsinstitute, Preise, Straßen, Schulen und sogar Züge nach ihr benannt wurden, droht die deutsch-jüdische Denkerin zur Ikone erstarren zu lassen. Ein zwiespältiger Versuch der »Heimholung«. Denn das Haus, das Hannah Arendts Leben und Schreiben errichtet, besitzt keinen festen Grund – es ist eine Tätigkeit: die nicht endende Tätigkeit des Verstehens, »durch die wir Wirklichkeit, in ständigem Abwandeln und Verändern, begreifen und uns mit ihr versöhnen, das heißt durch die wir versuchen, in der Welt zu Hause zu sein« (VP, S. 110).

Die Eltern: Martha (1874-1948) und Paul Arendt (1873-1913), um 1900)

Leben

Kindheit, Jugend, Schulzeit: Zwischen Hannover, Königsberg und Berlin (1906-1924)

»Johanna Arendt wurde geboren am 14. Oktober um 9¼ Uhr abends, an einem Sonntage. Die Geburt hatte 22 Stunden gedauert und verlief normal. Das Kind wog 3695 gr.« – so berichtet Hannah Arendts Mutter Martha in ihrem Notizbuch »Unser Kind« von der Geburt ihrer Tochter im Jahr 1906 in Linden bei Hannover (zit. n. EYB, S. 23). Ein »richtiges Sonnenkind« sei die kleine Hannah gewesen, erfährt man aus diesen Aufzeichnungen, in denen Martha Arendt die körperlichen und geistigen Entwicklungsschritte der Tochter festhielt. Doch lag bereits auf den frühen Jahren ein Schatten: Der Vater, Paul Arendt, erkrankte kurz nach der Geburt der Tochter schwer an Syphilis, mit der er sich in jungen Jahren infiziert hatte. Er musste seine Stellung als Ingenieur bei einem Elektrobetrieb in Hannover aufgeben. Die Arendts waren gezwungen, nach Königsberg zurückzukehren, wo die Familien beider Eltern seit langem ansässig waren.

Im Jahr 1902 hatten Paul und Martha Arendt (geb. Cohn) in Königsberg geheiratet. Beide stammten aus wohlhabenden jüdischen Familien; und beide waren, was unter ihren Zeitgenossen damals eine Ausnahme bildete, begeisterte Sozialisten aus dem Umfeld der *Sozialistischen Monatshefte*. Paul Arendt, dessen Vorfahren seit dem 18. Jahrhundert in Königsberg lebten, hatte sein Ingenieursdiplom an der berühmten Albertina Universität erworben, wo ehemals Kant und Mendelssohn lehrten. Seine Frau, deren Familie aus Russland eingewandert und mittlerweile in den Stand bedeutender Geschäftsleute der Stadt aufgestiegen war, hatte nach der Mädchenschule drei Jahre in Paris verbracht, um dort Französisch und Musik zu studieren.

Königsberg, die Hauptstadt Ostpreußens, zählte Anfang des 20. Jahrhunderts rund 250 000 Einwohner, etwa 4 500 davon waren Juden. Die ärmeren von ihnen, meist orthodoxe Juden, lebten in einfachen Verhältnissen unweit des Bahnhofs, nahe dem Fluss Pregel. Paul und Martha Arendt hingegen waren gut situiert und wohnten im vornehmen Hufen-Viertel, in der Tiergartenstraße. Sie waren nicht religiös, unterhielten aber beste Beziehungen zum sozialdemokratischen Rabbiner Hermann Vogelstein, der ihre Tochter später in Religion unterrichtete. Hannah Arendts Eltern lebten im klaren Bewusstsein ihrer Herkunft. »Meine Mutter würde mich rechts und links geohrfeigt haben«, äußerte Arendt in den 1960er Jahren, »wäre sie je dahinter gekommen, daß ich etwa verleugnet hätte, Jüdin zu sein«. Anders als bei den meisten, weitgehend assimilierten jüdischen Bürgern des Deutschen Reiches herrschte in Arendts Familie der Grundsatz: »Man darf sich nicht ducken! Man muß sich wehren!« (alle Zitate GG, S. 52). Eine Haltung des Muts und des – wie Arendt es im Rückblick nannte – »bewußten Paria«, die ihr früh vermittelt wurde und sie nachhaltig prägte.

Königsberg um 1900 (Bildkarte aus dem Besitz Hannah Arendts)

1913 war ein trauriges Jahr. Im Oktober starb Hannah Arendts Vater im Alter von noch nicht einmal 40 Jahren. Seit längerer Zeit schon hatte ihn die rapide fortschreitende Krankheit ans Bett einer psychiatrischen Klinik gefesselt. Zuletzt konnte er weder Frau noch Tochter erkennen. Bereits im März desselben Jahres war der Großvater Max Arendt, Vorsitzender der liberalen Jüdischen Gemeinde und Mitglied der Stadtverordnetenversammlung, gestorben. Ihn hatte die Enkelin vor allem während der langen Krankheit des Vaters ins Herz geschlossen.

Früher Tod des Vaters

Umso erstaunter beobachtete die Mutter, dass diese Ereignisse die Heiterkeit ihrer Tochter scheinbar nicht trüben konnten.

»Im Oktober [1913] Paul's Tod. Sie nimmt das als etwas Trauriges für mich auf. Sie selbst ist unberührt davon. Sie sagt um mich zu trösten: ›Denke daran, Mutti, dass das noch vielen Frauen passiert.‹ Sie ist auch bei der Beerdigung dabei u. weint ›weil so schön gesungen wird‹. [...] Sonst ist sie ein sonniges heiteres Kind mit einem guten warmen Herzen.« (Martha Arendt über ihre Tochter im Erziehungstagebuch »Unser Kind«, Januar 1914; zit. n. EYB, S. 57)

Zumal die Sechsjährige sie mit Bemerkungen überraschte wie: »Man muss an traurige Dinge so wenig wie möglich denken, es hat doch keinen Sinn, dadurch traurig zu werden« (zit. n. EYB, S. 57). Dass dies auch ein Ausdruck von Hilflosigkeit sein könnte, kam Martha Arendt nicht in den Sinn.

Beginn der Schulzeit

1913 war aber auch ein gutes Jahr: Hannah Arendt ging von nun an zur Schule. Sie besuchte eine höhere Töchterschule, die aus einem privaten Zirkel heraus entstanden war; zu jener Zeit wurde die Schulausbildung von Mädchen im Deutschen Reich noch kaum öffentlich gefördert. Arendt war ihren Mitschülerinnen weit voraus. Zu Schulbeginn konnte sie bereits fließend lesen und schreiben – eine Folge der »intellektuellen Frühreife« und des »glühenden Interesses für Buchstaben und Bücher«, das die Mutter schon bei der Vierjährigen festgestellt hatte (zit. n. EYB, S. 52).

> »Ich habe meine ganze Kindheit und meine halbe Jugend aber doch mehr oder weniger so getan, als ob es für mich das Leichteste und Selbstverständlichste auf der Welt sein würde, sozusagen das Natürlichste, allen Erwartungen zu entsprechen. Vielleicht aus Schwäche, vielleicht aus Mitleid, aber ganz sicher, weil ich mir nicht zu helfen wußte.« (Hannah Arendt in einem Brief an Heinrich Blücher, 27. Juli 1948, am Tag nach dem Tod Martha Arendts; ABL, S. 157)

Zu Beginn des Ersten Weltkrieges musste Martha Arendt mit ihrer Tochter nach Berlin fliehen. Königsberg, die zur Heimat gewordene Stadt, in der ihre Vorfahren einst vor russischem Antisemitismus Zuflucht gesucht hatten, drohte von russischen Truppen besetzt zu werden. Nach zehn Wochen konnten sie jedoch wieder zurückkehren, nachdem deutsche Truppen in einer Gegenoffensive das russische Militär aus Ostpreußen verdrängt hatten. Am Ende des Krieges organisierte Martha Arendt, die eine große Verehrerin Rosa Luxemburgs war, in ihrer Wohnung Treffen für Anhänger der Sozialdemokratie. Als 1919 die Ausläufer der sozialistischen Revolutionen im Deutschen Reich auch Königsberg erreichten, war sie begeistert und nahm ihre Tochter zu zahlreichen Diskussionen und Kundgebungen mit.

Hannah Arendt als Achtjährige mit ihrer Mutter

Das Interesse der damals 13-Jährigen galt jedoch weniger der Politik als der Philosophie und der Dichtung. Zu Hause arbeitete sich die Schülerin der Königsberger Königin-Luise-Schule – das erste Mädchengymnasium in Ostpreußen – durch die elterliche Bibliothek: Neben klassischer Dichtung, deutschen und französischen Romanen, las sie Kant und Jaspers, später auch Kierkegaard. Zu dieser Zeit erschien sie ihrer Mutter zunehmend »schwierig« und »undurchsichtig«, wie der letzte Eintrag des Erziehungstagebuches »Unser Kind« im Jahr 1917 notiert. Manchmal litt Hannah Arendt unter ihrer außergewöhnlichen Begabung. Sie empfand »eine Art von Fremdheit unter den Menschen«, teilweise sogar »Verachtung« gegenüber anderen in ihrer Umgebung – schamvoll wissend, »daß man das eigentlich nicht soll und [...] nicht darf« (GG, S. 55).

Zweite Ehe der Mutter

Zu dieser Zeit begann auch ein neues Familienleben. Martha Arendt ging eine zweite Ehe ein und heiratete 1920 den Witwer Martin Beerwald. Nun hatte Hannah Arendt zwei Stiefschwestern: Eva und Clara Beerwald, die gut fünf Jahre älter waren als sie. Vom Temperament her unterschieden sich diese beiden zurückhaltenden Mädchen deutlich von der Jüngeren, die selbständig auftrat. Ein Unterschied, mit dem Arendts Stiefvater nicht gut zurecht kam; er hielt sich aus ihrer Erziehung weitgehend heraus.

Hannah Arendt war voller Erfahrungshunger, mutig und rebellisch, eigenwillig und extravagant. So setzte sie zum Beispiel bei der Schulleitung eine Befreiung von den frühen Griechisch-Stunden durch, um morgens ausgiebig Zeit für sich zu haben und vollkommen ungestört frühstücken zu können, bevor sie sich in Gesellschaft begab. Eine Angewohnheit, die sie »ihr ganzes Leben lang beibehielt« (EYB, S. 73). Arendt organisierte eigene Lern- und Lesezirkel, um griechische Texte zu studieren. Mit anderen Schülern der höheren Klassen fand sie Aufnahme in den elitären »Grumacher Kreis«, wo über Philosophie und Literatur diskutiert wurde. Dass sie mit dem fünf Jahre älteren Gründungsstudenten Ernst Grumach eine Liaison hatte, bemühte sich die 14-Jährige nicht zu verheimlichen. Der Vermittlung Grumachs verdankte sie auch die Bekanntschaft mit Anne Mendelssohn. Dieser lebenslangen Freundin widmete Arendt später ihr Buch über Rahel Varnhagen: »Für Anne seit 1921« (RV, S. 5).

Ernst Grumach, Anne Mendelssohn

Als Hannah Arendt sich einmal von einem Lehrer beleidigt fühlte, überzeugte sie ihre Mitschüler, gemeinsam dessen Unterricht zu boykottieren. Daraufhin verwies man die Rebellin von der Schule. Die guten Beziehungen der Mutter ermöglichten jedoch, dass Arendt ohne Abitur einige Zeit an der Berliner Universität studieren konnte. Sie besuchte Seminare in Latein und Griechisch, und sie hörte Vorlesungen des Religionsphilosophen Romano Guardini, von dessen Lehrweise sie fasziniert war: Denn er konnte aus dem Geist von katholischer Theologie, Phänomenologie, Existentialismus und in

Verbindung mit Kunst und Dichtung ein neues erkennendes Sehen, ein »gewaltiges Erwachen des Wirklichkeitsbewußtseins« entstehen lassen (Gerl-Falkovitz 1995, S. 160). Im Frühjahr 1924 kehrte sie an ihr ehemaliges Königsberger Gymnasium zurück, um dort als externe Schülerin das Abitur abzulegen. Sie bestand es, ihrer Klassenstufe um ein Jahr voraus, mit Auszeichnung.

Abitur 1924

> »Der Unterschied bei uns war, daß meine Mutter immer auf dem Standpunkt stand: Man darf sich nicht ducken! Man muß sich wehren! Wenn etwa von meinen Lehrern antisemitische Bemerkungen gemacht wurden [...], dann war ich angewiesen, sofort aufzustehen, die Klasse zu verlassen, nach Hause zu kommen, alles genau zu Protokoll zu geben. Dann schrieb meine Mutter einen ihrer vielen eingeschriebenen Briefe [...]. Wenn es aber von Kindern kam, habe ich es zu Hause nicht erzählen dürfen. Das galt nicht. Was von Kindern kommt, dagegen wehrt man sich selber. [...] Es gab Verhaltensmaßregeln, in denen ich sozusagen meine Würde behielt und geschützt war, absolut geschützt zu Hause.« (Hannah Arendt im Gespräch mit Günter Gaus, 1964; GG, S. 53)

Am Übergang zwischen Schule und Studium schrieb Hannah Arendt im Winter 1923/24 eine Reihe von Gedichten, die Auskunft geben über ihre Bildung und ihre Prägung durch literarische Traditionen. Einige Verse unter dem Titel »Traum« wirken wie das lyrische Spiel mit einem Satz Søren Kierkegaards, der als Motto über Arendts späterem Denken stehen könnte – »dazu habe ich mich ausgebildet ... allezeit leicht in des Gedankens Dienst tanzen zu können«:
»Schwebende Füße in pathetischem Glanze. / Ich selbst / Auch ich tanze, / Befreit von der Schwere / Ins Dunkle, ins Leere. / Gedrängte Räume vergangener Zeiten / Durchschrittene Weiten / Verlorene Einsamkeiten / Beginnen zu tanzen, zu tanzen //Ich selbst / Auch ich tanze. / Ironisch vermessen / Ich hab nichts vergessen. / Ich kenne die Leere / Ich kenne die Schwere / Ich tanze, ich tanze / In ironischem Glanze.« (zit. n. AH, S. 367 f.)

Studium in Marburg, Freiburg und Heidelberg (1924-1929)

Als Hannah Arendt im Herbst 1924 nach Marburg kam, um sich an der Universität einzuschreiben, war die Frage, welches Fach sie dort studieren würde, längst geklärt: »Philosophie stand fest«. Mit dieser Wahl folgte sie einem Grundbedürfnis, das ihr Leben und Denken insgesamt kennzeichnete: »Verstehenmüssen« (beide Zitate GG, S. 53).

Marburg

In die kleine, konservative Universitätsstadt Marburg an der Lahn war sie einem Gerücht gefolgt, das aus kaum mehr als einem Namen bestand – dem Gerücht vom »heimlichen König im Reich des Denkens« (MHA, S. 175). Gemeint war damit Martin Heidegger. Er hatte seine Karriere in Freiburg als Assistent bei Edmund Husserl begonnen und galt als Rebell der zeitgenössischen Philosophie. An deutschen Universitäten wurde das Fach damals vorwiegend als Geistesgeschichte und entlang seiner klassischen Disziplinen (Erkenntnistheorie, Logik, Ethik, Ästhetik etc.) gelehrt. Heidegger hingegen, so ahnte man bereits, verließ all diese festgefügten Bahnen und schlug Schneisen für neue Denkwege. In seinen Seminaren brachte er die totgeglaubten Bildungsschätze der Vergangenheit wieder zum Sprechen. Durch ihn erhielt das Denken wieder Lebendigkeit, indem er lehrte, nicht »über etwas«, sondern im transitiven Sinne des Verbums »etwas zu denken« – eine aufregende und inspirierende Erfahrung für die Studenten.

> »Man folgte dem Gerücht, um das Denken zu lernen, und was man erfuhr, war, daß Denken als reine Tätigkeit, und das heißt weder vom Wissensdurst noch vom Erkenntnisdrang getrieben, zu einer Leidenschaft werden kann [...]. Wir sind so an die alten Entgegensetzungen von Vernunft und Leidenschaft, von Geist und Leben gewöhnt, daß uns die Vorstellung von einem *leidenschaftlichen* Denken, in dem Denken und Lebendigsein eins werden, einigermaßen befremdet.« (Hannah Arendt über Martin Heidegger zu dessen 80. Geburtstag 1969; MHA, S. 176 f.)

An deutschen Universitäten, zumal in der Philosophie, studierten Mitte der 1920er Jahre hauptsächlich Männer. So auch in Marburg, wo der »heimliche König« hoch begabten Nachwuchs anzog, zum Beispiel Karl Löwith und Gerhard Nebel, Gerhard Krüger und Hans-Georg Gadamer. Ein produktives intellektuelles Klima, aus dem viele bedeutende Gelehrte hervorgingen: Zu Arendts Kommilitonen zählten der Philosoph Hans Jonas, Autor des Buches *Das Prinzip Verantwortung*, der Romanist und Dichtungstheoretiker Hugo Friedrich, der spätere Germanistik-Ordinarius Benno von Wiese sowie der expressionistische Schriftsteller Erwin Loewenson; und nicht zuletzt Günther Stern, der sich nach 1945 unter dem Pseudonym Günther Anders als zivilisationskritischer Schriftsteller einen Namen machte und Ende der 1920er Jahre Arendts erster Ehemann wurde.

Hannah Arendt, als Frau eine Ausnahme unter den Philosophiestudenten der Marburger Universität, wirkte auf ihre Kommilitonen scheu, einsam und zugleich faszinierend intelligent. Ihre Unnahbarkeit empfand Hans Jonas als »etwas Magisches«, Benno von Wiese sah darin eine geistig wie körperlich spürbare »suggestive Kraft der Tiefe« (Jonas 2003, S. 112; von Wiese 1982, S. 88). Mit einem Schiller-Wort nannte sie sich selbst gern »Das Mädchen aus der Fremde«. Gleichzeitig trat Arendt unerschrocken und bestimmt auf – auch gegenüber Professoren. Als sie zum Beispiel bei dem Neutestamentler Rudolf Bultmann vorsprach, um sich für ein Seminar in evangelischer Theologie – neben Griechisch ihr zweites Zusatzfach – anzumelden, erklärte sie mit Blick auf die aggressiven NS-Jugendgruppen und Verbindungsstudenten an der Marburger Universität: »Eines möchte ich von vorneherein klarstellen: Antisemitische Bemerkungen lasse ich mir nicht gefallen!« (zit. n. Jonas 2003, S. 111).

Martin Heidegger

Anders verhielt sie sich gegenüber Martin Heidegger. Zur ersten Sprechstunde erschien sie im Regenmantel, den Hut tief über die Augen ins Gesicht gezogen, auf jede Frage nur kurz und verhalten mit Ja oder Nein antwortend. In demselben Studierzimmer ereignete sich dann jener »coup de foudre«, der Arendt und Heidegger auf Dauer miteinander verband: »Plötzlich fiel er vor mir auf die Knie. Und ich beugte mich

»Wenn der Sturm um die Hütte heult, denke ich an das Bild des jungen Mädchens, das im Regenmantel, den Hut tief über den stillen großen Augen zum ersten Mal in mein Studierzimmer trat.« (Brief Martin Heideggers an Hannah Arendt, 21. März 1925) – Hannah Arendt mit 18 Jahren

nieder, und er streckte von unten aus dem Knien heraus seine Arme zu mir empor, und ich nahm seinen Kopf in meine Hände, und er küßte mich, ich küßte ihn« – so vertraute es Hannah Arendt ihrem nahen Freund Hans Jonas an (zit. n. Jonas 2003, S. 114). Dieser Szene folgte eine mehrere Monate währende Liebschaft. Vor allem aber begann mit ihr die lebenslange Beziehung zweier Denker, von der Arendt einmal sagte, sie habe Heidegger »die Treue gehalten / und nicht gehalten .... / Und beides in Liebe« (AH, S. 319). Für Heidegger blieb Arendt die »Passion seines Lebens« (ABL, S. 208).

1925 stand der 35-jährige Philosoph am Beginn seiner akademischen Karriere. Er war seit acht Jahren verheiratet und hatte mit seiner Frau Elfride zwei Söhne. Von vornherein war klar, dass Heidegger seine Lebensgewohnheiten nicht für die junge Studentin aufgeben würde. »Ich werde Sie nie besitzen dürfen, aber Sie werden fortan in mein Leben gehören, und es soll an Ihnen wachsen«, schrieb er am 10. Februar 1925 in seinem ersten Brief an sie und wenige Zeilen davor: »Liebes Fräulein Arendt! Ich muß heute Abend noch zu Ihnen kommen und zu Ihrem Herzen sprechen« (AH, S. 11). Vor der Außenwelt einfallsreich verborgen – »Willst Du morgen um ¾9 zu mir kommen. Wenn kein Licht in *meinem* Zimmer brennt, dann läute« (AH, S. 43) –, gaben sie ihrer Liebe im Heimlichen Raum.

Den Geistes- und Gemütszustand der beiden erfasste dieses Erlebnis wie ein Sturm. Arendt war zugleich beflügelt und zu Boden geworfen. Während der Semesterferien in Königsberg schrieb sie *Die Schatten*, eine autobiographische Erzählung, eine Liebes- und Leidenserklärung »für M. H.« (AH, S. 21 ff.

und S. 267). Von Fremdheit und Zärtlichkeit ist darin die Rede, von Erfahrungen, die auf den Grund der Seele fallen und verkapselt dort liegen bleiben, von Angst und Sehnsucht – kurz: von »dieser starren Hingegebenheit an ein Einziges« (AH, S. 25). Heidegger war zur selben Zeit mit der Niederschrift von *Sein und Zeit* beschäftigt. Mit Worten wie »... Deine dienende Liebe in meiner Arbeit« versicherte er Arendt auf zwiespältige Weise ihres Anteils an seinem epochalen Werk (AH, S. 26).

Martin Heidegger 1925/26, gezeichnet von Hans Jonas

Ihre (Liebes-)Beziehung war prekär, und sie blieb es auch: *Der* deutsche Philosoph des 20. Jahrhunderts, der sich kurz darauf mit den Nazis gemein machte, und die von den Nazis vertriebene Jüdin, die später *die* politische Theoretikerin des Totalitarismus wurde – welche Geschichte erzählen sie? Es war eine Beziehung der Brüche, der Leerphasen und Leerstellen. Eine erste Zäsur erfolgte – trotz anhaltender geheimer Treffen – im Frühjahr 1926, als Hannah Arendt Marburg verließ, um ihr Studium im folgenden Sommersemester an der Universität Heidelberg fortzusetzen. Da sie bei ihrem Geliebten unmöglich die Promotion ablegen konnte, war sie von Heidegger an seinen Kollegen Karl Jaspers vermittelt worden. Das Wintersemester 1926/27 verbrachte sie bei Edmund Husserl in Freiburg im Breisgau. Arendt schulte ihr Denken also mit und an den bedeutendsten Philosophen ihrer Zeit.

Heidelberg und Freiburg

Karl Jaspers

In Heidelberg erlebte Arendt eine Universität in voller intellektueller Blüte: Neben Karl Jaspers lehrten dort der Soziologe Alfred Weber, der Romanist Ernst Robert Curtius, der Theologe Martin Dibelius und der Germanist Friedrich Gundolf. Für Arendt war vor allem die Begegnung mit Jaspers entscheidend. In dessen Lehrveranstaltungen sowie bei persönlichen Zusammentreffen erfuhr sie, was rückhaltlose Offenheit, Spontaneität und Vernunft ist – und inwieweit das Gespräch diesen Raum überhaupt erst schaffen kann. Damals war ihr bewusst geworden, dass man nicht in abgeschlossener Innerlichkeit zu sich findet, sondern dass man sich äußern, sich anderen aussetzen muss. Das Risiko, »als ein Jemand im

Miteinander in Erscheinung zu treten«, so Arendt, »kann nur auf sich nehmen, wer bereit ist, [...] im Miteinander unter seinesgleichen sich zu bewegen, Aufschluß zu geben darüber, wer er ist, und auf die ursprüngliche Fremdheit [...] zu verzichten« (zit. n. Prinz 1998, S. 66).

»Sehen Sie, wo Jaspers hinkommt und spricht, da wird es hell. Er hat eine Rückhaltlosigkeit, ein Vertrauen, eine Unbedingtheit des Sprechens, die ich bei keinem anderen Menschen kenne. Dieses hat mich schon beeindruckt, als ich ganz jung war. [...] Das ist [später] eigentlich mein stärkstes Nachkriegserlebnis gewesen. Daß es ein solches Gespräch gibt! Daß man so sprechen kann!« (Hannah Arendt im Gespräch mit Günter Gaus 1964; GG, S. 69 f.)

Im Alter von 22 Jahren schloss Hannah Arendt ihre Dissertation ab und wurde von Karl Jaspers mit »magna cum laude« promoviert; 1929 erschien ihre Arbeit unter dem Titel *Der Liebesbegriff bei Augustin.* Bei aller bereits sichtbaren Eigenständigkeit war Arendt hier methodisch und sprachlich Heidegger noch eng verpflichtet. Heidegger hatte ihr seine Liebe einst in Form eines Kryptozitats erklärt: »Amo heißt volo, ut sis, sagt einmal Augustinus: ich liebe Dich – ich will, daß Du seiest, was Du bist« (AH, S. 31). In ihrem Buch interpretierte Arendt den christlichen Denker buchstäblich und im besten Sinne undiszipliniert, was ihr die Rezensenten sogleich als Verstoß gegen das wissenschaftliche Reinheitsgebot ankreideten. Dieser Beginn ihrer publizistischen Laufbahn kann als charakteristisch gelten: »ein Dorn im Auge der Gelehrten« (EYB, S. 125).

Der Liebesbegriff bei Augustin, vgl. S. 67 f. und S. 120 f.

Eine Karriere an der Universität anzustreben hatte für die Jüdin Hannah Arendt wenig Aussicht auf Erfolg. Stattdessen entschied sie sich, angeregt durch ihre Freundin Anne Mendelssohn, ein Buch über die jüdische Denkerin und Salonière Rahel Varnhagen zu schreiben. Sie begann diese Arbeit als freie Wissenschaftlerin mit einem Stipendium der »Notgemeinschaft der Deutschen Wissenschaft« (Jaspers, Heidegger und Dibelius hatten sie mit Gutachten unterstützt), konnte

Vgl. *Rahel Varnhagen*, S. 68 ff.

das Buch aber erst viele Jahre später in der Emigration zum Abschluss bringen. Dazwischen lag fast ein halbes Leben – und Arendts Weg von der Welt der akademischen Philosophie in die politische Öffentlichkeit.

Der Weg in die Emigration: Von Deutschland über Paris nach New York (1930-1941)

Nach ihrer Erfahrung mit Heidegger glaubte Hannah Arendt fest, »nie mehr einen Mann zu lieben«. Dennoch heiratete sie im September 1929 Günther Stern in Berlin; gewissermaßen aus Trotz, »ganz gleich wen« und »ohne zu lieben«, wie sie später eingestand (alle Zitate AH, S. 77). Die Ehe war zum Scheitern verurteilt. Doch gab es eine geistige Verbundenheit, durch die sich Arendt zu dem jüdischen Philosophen hingezogen fühlte. Gemeinsam überarbeiteten sie Arendts Dissertationsmanuskript für den Druck und schrieben als Ko-Autoren einen Artikel über Rilkes *Duineser Elegien*. Zwischen 1929 und 1931 lebten die Sterns zeitweise in Frankfurt am Main. Dort versuchte Günther Stern sich an der Universität mit einer musikphilosophischen Arbeit zu habilitieren, ermutigt durch den Theologen Paul Tillich, der dort Philosophie lehrte. Doch Stern fiel durch, seine Habilitation wurde nicht akzeptiert. Eine entscheidende Rolle bei der Ablehnung spielte Theodor W. Adorno, ebenfalls Habilitand Tillichs und selbst über musiktheoretische Fragen forschend. Dieses Ereignis begründete eine lebenslange Antipathie Arendts gegenüber Adorno. »Der kommt uns nicht ins Haus!«, soll sie damals zu ihrem Mann gesagt haben (EYB, S. 132). Als Arendt und Adorno über drei Jahrzehnte später einen kurzen Briefwechsel führten, war dem Frankfurter Theoretiker das schlechte Gewissen immer noch anzumerken. »In Wien habe ich diesmal leider Günther Stern versäumt«, so Adorno »[s]onst aber hat, seit einigen Jahren, ein freundlicher Kontakt zwischen ihm und mir sich wiederhergestellt« (Adorno an Arendt, 2. Mai 1967, HAP 07/02, Bl.004760).

Heirat mit Günther Stern

Hannah Arendt und Günther Stern, um 1929

Der gescheiterte Versuch, im akademischen Feld Fuß zu fassen, führte das Ehepaar zurück nach Berlin. Günther Stern begann, bald schon unter dem Pseudonym Günther Anders, für das Feuilleton des *Berliner Börsen-Courier* zu schreiben. Hannah Arendt brachte ihre Forschungen zu Rahel Varnhagen voran. Hierzu bot ihr die Preußische Staatsbibliothek, wo unveröffentlichte Materialien aus Varnhagens Nachlass lagen, beste Voraussetzungen. Arendt bemerkte, wie klar die Lebensgeschichte sowie die Aufzeichnungen und Briefe dieser Jüdin »zwischen Paria und Parvenü« die politische Gegenwart beleuchten konnten (RV, S. 209). Im Frühjahr 1933 schrieb sie aus Anlass des 100. Todestages von Rahel Varnhagen einen Artikel, der in der *Kölnischen Zeitung* und in der *Jüdischen Rundschau* erschien. Hellsichtig erkannte sie darin die politische Bedeutung der nur wenige Wochen zurückliegenden Machtergreifung der Nazis: Die Geschichte der jüdischen Assimilation in Deutschland sei hiermit an ihr Ende gelangt.

> »Die jüdische Assimilation scheint heute in Deutschland ihren Bankrott anmelden zu müssen. Der allgemein gesellschaftliche und offiziell legitimierte Antisemitismus trifft in erster Linie das assimilierte Judentum, das sich nicht mehr durch Taufe und nicht mehr durch betonte Distanz zum Ostjudentum entlasten kann. [...] Assimilation ist vor allem das Faktum des Eintritts der Juden in die geschichtliche europäische Welt.« (Hannah Arendt, *Originale Assimilation. Ein Nachwort zu Rahel Varnhagens 100. Todestag*; *Jüdische Rundschau* vom 7. April 1933, S. 143)

»Wenn man als Jude angegriffen ist, muß man sich als Jude verteidigen«, lautete Hannah Arendts Maxime (GG, S. 57). Viele Jahre war sie vollkommen unpolitisch, hatte nur in universitären Kreisen verkehrt und war ausschließlich an Philosophie oder anderen geistigen Dingen interessiert gewesen. Dies änderte sich mit dem aggressiver werdenden politischen Klima am Ende der Weimarer Republik. Und durch die Begegnung mit Menschen. Arendts Ehemann Günther Stern war von scharfem politischen Verstand; durch seinen Bekanntenkreis kamen viele Intellektuelle, die der kommunistischen

Bewegung nahe standen, zu nächtelangen Diskussionen in die Opitzstraße unweit der Berliner Künstlerkolonie am Breitenbachplatz, wo die Sterns damals wohnten. Ihren politischen »eye opener« erlebte Arendt jedoch nicht als Linke, sondern als Jüdin. Kurt Blumenfeld, Präsident der Zionistischen Vereinigung für Deutschland, spielte dabei eine entscheidende Rolle. Die beiden hatten sich 1926 in Heidelberg kennen gelernt, als Hans Jonas den berühmten Zionisten zu einem Vortrag an die dortige Universität eingeladen hatte. Arendt und Blumenfeld waren sich sofort sympathisch. Er öffnete ihr die Augen für die sogenannte Judenfrage – die Frage nach der politischen Selbstorganisation der Juden in der Diaspora Europas – und damit für Arendts eigenes Jüdischsein.

Kurt Blumenfeld

Zum Kreis um Blumenfelds postassimilatorischen Zionismus, der vor allem Juden ansprach, die in einem nicht-jüdischen Milieu sozialisiert waren, aber sich ihrer ursprünglichen Kultur verbunden fühlten, gehörten auch Robert Welsch, Herausgeber der *Jüdischen Rundschau*, und Salman Schocken, in dessen Verlag Arendt später in New York arbeitete. Hannah Arendt war vor allem beeindruckt von der »Selbstkritik, die die Zionisten im jüdischen Volk entfaltet haben« (GG, S. 49). Dennoch wurde sie keine orthodoxe Zionistin, ihr politisches Engagement blieb pragmatisch ausgerichtet: Als Blumenfeld im Frühjahr 1933 mit der Bitte an sie herantrat, für die Zionistische Vereinigung antisemitische Hetzartikel aus deutschen Zeitschriften und anderen Publikationen zu sammeln, willigte Arendt sofort ein. Denn nur ein Nicht-Mitglied konnte beim Sammeln der »Gräuelpropaganda« garantieren, dass im Falle einer Verhaftung durch die Nazis nicht die gesamte Organisation mit aufflog. Wie auch beim Verstecken von Flüchtlingen in ihrer Berliner Wohnung, erfüllte es sie mit Befriedigung, dabei die Erfahrung zu machen: »man kann doch etwas tun« (GG, S. 49).

Verhaftung, Flucht aus Deutschland

Im Juli 1933 wurde sie zusammen mit ihrer Mutter auf der Straße von der Gestapo verhaftet und ins Polizeipräsidium am Alexanderplatz gebracht. Doch sie hatte Glück – und Verstand. Arendt vertraute dem »offenen, anständigen Gesicht« des Kriminalbeamten, den sie als »reizenden Kerl« in Erinnerung behielt (GG, S. 50). Auf seinen Rat hin verzichtete sie auf einen Anwalt und kam nach acht Tagen wieder frei. Kurz darauf verließen Hannah Arendt und ihre Mutter Deutschland über die grüne Grenze zur Tschechoslowakei. Arendt gelangte mit Fluchthelfergruppen über Prag und Genf nach Paris; ihre Mutter kehrte nach Königsberg zurück und folgte der Tochter erst 1939 in die französische Hauptstadt.

Den Schritt in die Emigration erlebte Arendt nicht als Schock, sondern sie begriff ihn als Reaktion auf eine politische Entwicklung: »Daß die Nazis unsere Feinde sind – mein Gott, wir brauchten doch, bitte schön, nicht Hitlers Machtergreifung, um das zu wissen!« Was sie schockierte, war das Verhalten ihrer Bekannten und Freunde: »das war, als ob sich ein leerer Raum um einen bildete«. Durch das intellektuelle und akademische Milieu, in dem sie damals lebte, sei eine Welle der »freiwilligen Gleichschaltung« gegangen (alle Zitate GG, S. 56). Enge Freunde wie Benno von Wiese oder der einstige Geliebte Martin Heidegger folgten dem nationalsozialistischen Zeitgeist. Heidegger begrüßte 1933 die »deutsche Revolution« als leuchtenden »Weg, auf dem es kein Zurück mehr gibt« (zit. n. Geier 2005, S. 90). Sogar Theodor Wiesengrund Adorno, selbst jüdischer Herkunft, würdigte 1934 in der von den Nazis gleichgeschalteten Zeitschrift *Die Musik* eine chorale Inszenierung von Gedichten des Reichsjugendführers Baldur von Schirach als romantischen Realismus in der Tradition des »älteren mehrstimmigen deutschen Volkslieds« (zit. n. Müller-Dohm 2003, S. 281). Hannah Arendt erkannte in solchen Verhaltensweisen eine »déformation professionelle«, die sie zu einer lebenslangen Skepsis gegenüber dem politischen Urteilsvermögen der »Denker von Gewerbe« (Kant) veranlasste.

Selbst mit ihrem denkerischen Erzieher Karl Jaspers geriet Arendt in einen Disput. Jaspers hatte in einem Artikel die »Vernünftigkeit und Menschlichkeit« des Denkens, Forschens und Philosophierens Max Webers in Beziehung zum »deutschen Wesen« gesetzt (Jaspers 1932, S. 7). Die Rede vom deutschen Wesen war für Arendt – bei allem guten Willen, den sie Jaspers unterstellte – mit dem rassistischen Missbrauch dieses Begriffs »fast identisch«. Gegenüber Argumentationen, die denkerische Größe mit Nationalität in Verbindung brachten, sah sie sich in der damaligen Lage »als Jüdin [...] zur Distanz verpflichtet«. Hier war Arendt politisch hellhöriger als Jaspers, dem sie erklärte, in welchem Sinne sie sich als Deutsche fühlte: »Für mich ist Deutschland die Muttersprache, die Philosophie und die Dichtung« (beide Zitate AJA, S. 52). Diesem Erbe hielt sie zeitlebens die Treue. Mehr noch: Die Muttersprache – sei es in Form des alltäglich gesprochenen Wortes, sei es in der Gestalt großer Dichtung – wurde später ein tragender Topos in Arendts Theorie des politischen Urteilens.

Exil in Paris

In Paris wohnte sie zunächst wieder mit Günther Stern zusammen, der sich bereits im Februar 1933 in die französische Hauptstadt geflüchtet hatte. Schon in Berlin war die Ehe der Sterns an ein Ende gelangt, bald gingen sie wieder getrennte Wege. »Dass Günther und ich uns scheiden lassen«, schrieb Arendt 1937 nach Sterns Auswanderung in die USA, »haben wir so lange vor allen anderen geheim gehalten, bis die Andern sich rächten und es vor uns geheim hielten« (ABJ, S. 60).

Walter Benjamin. 1938

Der Adressat dieser vertraulichen Zeilen war Sterns Großcousin Walter Benjamin. Arendt hatte den Autor der *Einbahnstraße* und der *Berliner Kindheit um neunzehnhundert* bereits in Berlin flüchtig kennen gelernt, »in Paris aber waren wir *nahe* Freunde« geworden (Arendt an den *Merkur*-Herausgeber Hans Paeschke, 11. Dezember 1967; zit. n. Schöttker/Wizisla 2005, S. 49). Häufig trafen sie sich mit anderen Intellektuellen und Künstlern zu Diskussionsrunden, die bei Benjamin in der rue Dombasle 10 stattfanden. Zum engen Kreis gehörten auch der Rechtsanwalt Erich Cohn-Bendit, der Psychoanalytiker Fritz Fränkel, der Maler Carl Heidenreich und der Schriftsteller Chanan Klenbort. Die Zeiten, in denen Arendt sich in einem rein akademischen Umfeld bewegte, waren nun Vergangenheit. Mit

Nachdruck ermunterte Benjamin sie zur Vollendung ihres Buchmanuskripts über Rahel Varnhagen, das er vor allem deshalb schätzte, weil es »mit starken Stößen wider den Strom erbaulicher und apologetischer Judaistik [schwimmt]« (W. Benjamin an G. Scholem, 20. Februar 1939, zit. n. Schöttker/Wizisla 2005, S. 50).

In Paris lernte Arendt ferner den Philosophen Raymond Aron kennen, der ihr die Teilnahme an Seminaren des Hegel-Spezialisten Alexandre Kojève an der École des Hautes Études vermittelte; dort begegnete sie auch Jean-Paul Sartre, der ihr aber fremd blieb. Arendt war auf Distanz zu »intellektuellen Geschichten«. Nach den Erfahrungen, die sie zur Flucht aus Deutschland gezwungen hatten, stand für sie fest, nun »in die praktische Arbeit und [...] nur in die jüdische Arbeit« zu gehen (GG, S. 58).

Für die Organisation Agriculture et Artisan, die Palästina-Emigranten landwirtschaftlich und handwerklich ausbildete, arbeitete sie als Sekretärin. Und im Pariser Büro der Jugend-Aliyah, ebenfalls eine zionistische Einrichtung für Jugendliche zur Vorbereitung auf das Leben in Palästina, war sie ab 1935 als Generalsekretärin tätig. Anstellungen dieser Art zu finden erforderte damals Geschick und Beziehungen, denn die Auflagen der französischen Behörden waren hoch für arbeitsuchende Ausländer. Zwischenzeitlich koordinierte und überprüfte Hannah Arendt im Auftrag der Baronesse Germaine de Rothschild die Verteilung von Geldern, mit denen die Familie jüdische Wohltätigkeitseinrichtungen unterstützte. Für die Ligue Internationale contre l'Antisémitisme sammelte Arendt Materialien zur Verteidigung des jüdischen Studenten David Frankfurter, der 1936 in Davos den NSDAP-Funktionär Wilhelm Gustloff ermordet hatte und in der Schweiz vor Gericht gestellt worden war.

Arendt reiste zum Prozess nach Zürich und berichtete den Freunden in Paris davon per Brief. Die ausführlichsten Schreiben erhielt dabei ein Mann aus dem Kreis um Benjamin, den sie im Frühjahr 1936 kennen gelernt hatte: Heinrich Blücher. **Heinrich Blücher** »Monsieur«, wie Arendt ihn nannte, stammte aus Berlin und trat unter dem Pseudonym Heinrich Larsen in bürgerlicher

Aufmachung mit Anzug, Hut und Spazierstock auf. Tatsächlich war Blücher Kommunist, ein enger Freund des kommunistischen Parteiführers Heinrich Brandler; angesichts der Moskauer Schauprozesse wandte er sich von der Bewegung ab. Der 1899 als Sohn einer Wäscherin geborene Blücher war Autodidakt, seine Lehrerausbildung hatte er abgebrochen, doch er war ein begnadeter Redner, ein politischer Kopf und ein unabhängiger Denker. »Daß ich Dich liebe – das hast Du schon in Paris gewußt, wie ich es wußte«, schrieb Arendt im August 1936 aus Genf an ihn: »Ob ich Deine Frau sein kann, sein werde, weiß ich nicht. Meine Zweifel sind nicht weggepustet. Auch nicht die Tatsache, daß ich verheiratet bin. (Entschuldige, Geliebtester, so viel brutale Direktheit – wenn Du kannst.)« (ABL, S. 59). Direktheit, Rückhaltlosigkeit, Vertrauen – hierauf gründete, was Hannah Arendt und Heinrich Blücher ein Leben lang verband. Arendt ließ sich 1937 von Stern scheiden. Am 16. Januar 1940 heirateten Arendt und Blücher in Paris.

Nur wenige Monate später, im Mai 1940, rückten deutsche Truppen in Frankreich vor. Schon bei Kriegsausbruch im September 1939 waren alle männlichen Emigranten in französische Sammellager gebracht worden; Blücher war damals drei Monate in Villemalard in der Nähe von Orléans interniert. Nun mussten sich emigrierte Männer *und* Frauen bei den französischen Behörden melden. Es waren die Insignien einer Zeit, die »eine neue Gattung von Menschen geschaffen hat«, wie Arendt 1943 in ihrem Essay »We Refugees« (»Wir Flüchtlinge«, dt. 1986) bemerkte: »Menschen, die von ihren Feinden ins Konzentrationslager und von ihren Freunden ins Internierungslager gesteckt werden« (WFL, S. 9). Arendt wurde nach Gurs, in das am Fuße der Pyrenäen gelegene größte Internierungslager Frankreichs eingeliefert. Dort wurden bis zu 20 000 Insassen zusammengepfercht; ab 1940 war es fast ausschließlich ein Frauenlager. Als Frankreich im Sommer 1940 geteilt wurde – in den deutsch besetzten Norden und den Süden der Kollaborationsregierung von Vichy –, erfasste die allgemeine Verwirrung über die neuen politischen Zuständigkeiten auch die Internierungslager. In diesen Tagen der Kon-

Internierung

fusion entwendeten einige Frauen in Gurs Entlassungsformulare aus dem Büro der Lagerleitung und fälschten die Unterschrift des Kommandanten. Mit Hilfe dieser Papiere konnten etwa 200 Frauen aus dem Lager entkommen – unter ihnen Hannah Arendt. Wenige Tage später herrschte wieder »strenge Ordnung«, und die Vichy-Regierung begann, gesuchte Flüchtlinge an die Nazis auszuliefern. Viele der Gefangenen aus Gurs wurden ab 1942 nach Auschwitz deportiert.

Flucht in die USA

Auf ihrer Flucht gelangte Arendt zu Fuß in das etwa 200 Kilometer entfernte Montauban, das ein bekannter Treffpunkt für Flüchtlinge war. Arendt begegnete hier alten Freunden wieder: Anne Mendelssohn-Weil, Lotte Klenbort, der Familie Cohn-Bendit. Doch vor allem konnte sie ein Wiedersehen mit Heinrich Blücher feiern; glücklicherweise war das Lager, in das er gebracht worden war, beim Herannahen der deutschen Truppen aufgelöst worden. Im Oktober 1940 stieß Arendts Mutter aus Königsberg zu den beiden in Montauban. Gemeinsam versuchten sie in Marseille, die Visa zur Ausreise in die USA zu erhalten. Dank Arendts Verbindungen zu jüdischen Organisationen und mit Hilfe von Günther Stern aus den USA ergatterten sie schließlich zwei Notvisa. Während einer kurzen Phase gelockerter Ausreisebestimmungen konnten Hannah Arendt und Heinrich Blücher somit Anfang 1941 Frankreich mit dem Zug in Richtung Lissabon verlassen. Im April 1941 gingen sie an Bord eines Schiffes, das sie nach New

»Liebe Hannah, ich hoffe, dass meine Zeilen Sie in Montbahus [sic] erreichen. Sie sind dazu bestimmt, Ihnen zu sagen, [...] dass ich Sie beglückwünsche, Monsieur gefunden zu haben. Dass ich Sie bitte, meiner besten Grüße versichert zu sein. [...] Ich würde in eine noch düstere Stimmung verfallen als ich es jetzt schon bin, wenn ich nicht in dem einzigen Buch, das ich habe – bin ich doch so ganz ohne Bücher – die Devise gefunden hätte, die am besten zu meiner derzeitigen Situation paßt: ›Die Faulheit hat ihn glänzend unterstützt, während mehrerer Jahre in der Finsternis eines herumirrenden und versteckten Lebens.‹ [...] Ihr alter Benjamin« (Walter Benjamin in einem Brief an Hannah Arendt, 8. Juli 1940; ABJ, S. 66)

York brachte, wohin Martha Arendt ihnen wenige Wochen später folgte.

Ankunft in Amerika (1941-1948)

»Sind gerettet. Wohnen 317 West 95 = Hannah.« Diese Zeile telegraphierten Hannah Arendt und Heinrich Blücher am 23. Mai 1941, gleich nach ihrer Ankunft in New York, an Günther Stern in Los Angeles. Er hatte das entscheidende Affidavit – die notwendige Bürgschaft eines amerikanischen Staatsbürgers – für die Einreise der Blüchers in die USA besorgt.

Doch nicht alle Freunde wurden gerettet: Walter Benjamin nahm sich am 26. September 1940 in dem Grenzort Port Bou das Leben. Die spanischen Behörden hatten ihm die Einreise verweigert, weil er kein Ausreisevisum aus Frankreich besaß – nun drohte ihm die Auslieferung an die deutsche Polizei. Noch eine Woche zuvor hatte er Arendt in Marseille Unterlagen anvertraut, darunter ein handschriftlich korrigiertes Typoskript seiner Thesen *Über den Begriff der Geschichte*; Arendt sollte es in New York an Adorno übergeben, was sie umgehend erledigte. Die Erinnerung an die Toten und die Trauer um verlorene Freunde versahen Arendts Neuanfang in den USA mit einer Perspektive, die sie fortan in ihrem Denken und Schreiben auf besondere Weise nach Europa blicken ließ.

Das neue Leben in New York verlangte Bescheidenheit. Arendt und Blücher wohnten in einem möblierten Zimmer, das sie mit Hilfe eines kleinen Fonds der Zionist Organisation of America finanzierten; ein zweites Zimmer mieteten sie für Arendts Mutter. Jeder trug zum gemeinsamen Auskommen bei. Martha Arendt putzte und kochte, gelegentlich erledigte sie Heimarbeiten für eine Textilfabrik. Sie wurde jedoch nie heimisch in der Neuen Welt und wollte deshalb ihren Lebensabend bei der in England lebenden Stieftochter Eva Beerwald verbringen. Auf der Überfahrt mit dem Schiff erlitt sie einen

Tod der Mutter

Asthmaanfall, von dem sie sich nicht mehr erholte. Martha Arendt starb am 27. Juli 1948 in London.

Blücher arbeitete anfangs in einer Chemiefabrik in New Jersey, später verfasste er militärhistorische Artikel für das Committee of National Morale und arbeitete kurzzeitig als deutscher Nachrichtensprecher beim amerikanischen Sender NBC. Er hatte Schwierigkeiten, sich in der neuen Umgebung und der neuen Sprache zurechtzufinden. Darum saß er am liebsten zu Hause und widmete sich seinen Büchern und privaten Studien. Bis er als Dozent für Kunstgeschichte und Philosophie an der New Yorker New School und später am Bard College in Connecticut arbeitete, dauerte es noch einige Jahre.

Hannah Arendt und Heinrich Blücher, um 1950

Scheinbar mühelos startete Hannah Arendt in ihr neues Leben. Den Sommer 1941 verbrachte sie auf Vermittlung der Organisation Self-Help for Refugees bei einer Familie in Winchester/Massachusetts. Statt, wie erwartet, als Dienstmädchen beansprucht zu werden, lernte sie im Selbststudium und bei abendelangen Diskussionen mit dem Gastgeberehepaar die neue Sprache. Schon bald schrieb sie die ersten Postkarten auf Englisch. Und Arendt machte Erfahrungen, die ihr Bild der USA nachhaltig prägten. Mit Erstaunen nahm sie die Mischung aus kleinbürgerlicher Atmosphäre und hohem politischen Verantwortungsgefühl der Leute zur Kenntnis. »Der Grundwiderspruch dieses Landes«, resümierte sie, »ist politi-

»Wir sind also hier ausgezeichnet eingelaufen, haben den groessten Teil unserer Bagage hierher gebracht und nur einen Koffer und Kiste liegen lassen. [...]« – »Unser Zimmer ist ... fuer die Verhaeltnisse in denen wir seit einem Jahre gelebt haben, einfach der Gipfel des Luxus. NY ist wie ein sehr grosses Berlin – soll mir auch recht sein, wenngleich ich in den letzten Jahren ein eingefleischter Pariser geworden bin. [...]« – »Morgen muss ich wegen der zurueckgebliebenen Freunde mich mit einer ganzen Reihe von Leuten in Verbindung setzen. Ohne dieses Problem, die Zurueckgebliebenen, waere ueberhaupt alles viel leichter [...] und dazu sind hier alle so abscheulich fest davon ueberzeugt, dass doch schon alles zu spaet ist – wovon ich gar nicht ueberzeugt bin.« (aus Hannah Arendts Briefen an Günther Stern vom 25. und 31. Mai 1941; unveröffentlicht, Privatarchiv Marie-Luise Knott, Berlin)

sche Freiheit bei gesellschaftlicher Knechtschaft« (AJA, S. 67). Wie schon in Frankreich blieb es für Arendt auch in den ersten Jahren in Amerika bestimmend, sich politisch und intellektuell »von der Judenfrage her zu orientieren« (AJA, S. 67). Im November 1941 begann sie für die deutschsprachige jüdi-
Vgl. S. 72 ff. sche Emigrantenzeitung *Aufbau* zu schreiben, wo ihr bald eine eigene Kolumne eingeräumt wurde: »This Means You« – nicht ohne Grund eine Anspielung auf den Slogan, mit dem die amerikanische Regierung Soldaten anwarb. Denn Arendt stritt in zahlreichen Artikeln für die Bildung einer unabhängigen jüdischen Armee. »Freiheit ist kein Geschenkartikel, [...] auch keine Prämie für ausgestandene Leiden«, proklamierte sie gleich in ihrem ersten Artikel: Man muss sich »als das wehren [...], als was man angegriffen wird« (AUF, S. 22). Die Juden könnten nur dann das Recht erwerben, über ihr zukünftiges politisches Schicksal mitzuentscheiden, wenn sie als »europäisches Volk« in den Krieg gegen Hitler eintreten. Langfristig forderte Arendt die Bildung eines unabhängigen, binationalen Staates in Palästina, der auf der Aussöhnung zwischen Juden und Arabern beruhen, ein gleichberechtigtes Zusammenleben ermöglichen und in eine europäische oder Mittelmeer-Konföderation eingebunden sein sollte.

Um ihren publizistischen Appellen politischen Nachdruck zu verleihen, gründete Arendt im März 1942 gemeinsam mit dem *Aufbau*-Kollegen Josef Maier die Jungjüdische Gruppe. Doch mit dem Versuch, Einfluss auf die zionistische Politik zu nehmen, scheiterten sie bereits nach wenigen Wochen. Das zeigte sich deutlich auf der großen Konferenz amerikanischer Zionisten im Mai 1942 im New Yorker Hotel »Biltmore«. Denn hier fand Ben Gurion, der Vorsitzende der Jewish Agency, mit seiner Forderung nach einem jüdischen Staat, der auf die Interessen der arabischen Bevölkerung keine Rücksicht nimmt, breite Unterstützung. Als diese Vision sechs Jahre später mit der Gründung des Staates Israel Wirklichkeit wurde, engagierte sich Hannah Arendt ein zweites Mal für kurze Zeit in einer zionistischen Vereinigung – jedoch auch hier als Kritikerin der dominierenden Position. Mitte 1948 schloss sie sich der Ihud-Partei von Judah Magnes an. Der Jerusalemer Professor favorisierte die Idee eines binationalen Staates als Teil eines panarabischen Zusammenschlusses. Vor dem Hintergrund der israelischen Staatsgründung stellte mittlerweile jede Form des Konföderationsgedankens die herrschende Meinung in Frage. Arendt entwickelte im Rahmen der Ihud-Arbeit sogar die Überlegung einer Treuhänderschaft der Vereinten Nationen für Palästina. Diese Pläne wurden aber allesamt nicht in die Realität umgesetzt.

»In unserem Jahrhundert ist die Politik fast ein Geschäft der Verzweiflung, und ich war immer versucht, vor ihr davonzulaufen. Ich möchte Ihnen sagen, daß mich Ihr Beispiel am Weglaufen gehindert hat und das auch noch für viele Jahre tun wird.« (Hannah Arendt in einem Brief an Judah Magnes, kurz vor dessen Tod am 27. Oktober 1948; zit. n. EYB, S. 330)

Die Frage, wie sich Politik nach dem Zivilisationsbruch des Holocaust neu begründen lasse, sollte Hannah Arendt zeitlebens beschäftigen. Den Anfang hierfür machte sie zwischen 1945 und 1949. Während dieser Jahre schrieb sie buchstäblich in jeder freien Minute an ihrem Buch über die *Elemente und Ursprünge totaler Herrschaft*. Gleichzeitig bemühte sie sich, das amerikanische Publikum mit zeitgenössischer Philosophie und Literatur aus Europa bekannt zu machen, und setzte so ihre Arbeit im Zeichen des Eingedenkens sowie der jüdischen Frage fort. Arendt hielt Vorträge und verfasste Artikel über Rahel Varnhagen, Heinrich Heine, Stefan Zweig und Bertolt Brecht. Ihr ging es dabei vor allem um die Erinnerung an die Figur des Paria als verborgene Tradition – nicht nur im jüdischen Geistesleben. Als Lektorin des Schocken-Verlages edierte Arendt erstmals die Tagebücher Franz Kafkas in englischer Sprache. Von dem Plan, eine Sammlung mit Texten Walter Benjamins herauszugeben, konnte sie den »jüdischen Bismarck« – so Arendts scherzhafte Bezeichnung für den Verleger – jedoch nicht überzeugen. Und das, obwohl Salman Schocken sie angeblich für »die intelligenteste Frau der Welt« hielt (zit. n. David 2003, S. 342; Übs. T. W.).

> »Lieber Herr Brecht, [...] Der Schocken-Verlag, den Sie ja vermutlich noch aus Deutschland kennen [...], will einen Band gesammelter Essays von Benjamin auf Englisch publizieren. [...] Von Ihnen moechte ich gerne Kritik an meinen Vorschlaegen oder zusaetzliche Vorschlaege. Ferner natuerlich die ›Gespraeche mit Brecht‹ mit Ihren Anmerkungen (wie Sie sie damals Bluecher in Aussicht stellten). Und last not least wenn Sie irgend moegen, einen Essay ueber Benjamin (oder wie immer Sie so etwas nennen wollen). Ich weiss, dass Sie so gut wie nie auf Briefe antworten. (So jedenfalls ist Ihr Ruf.) Was soll ich machen? Die Toten koennen schlecht insistieren und ich bin eine schlechte Stellvertreterin. Mit besten Gruessen, Ihre Hannah Arendt« (Hannah Arendt in einem Brief an Bertolt Brecht, 15. Oktober 1946; zit. n. Wizisla 2004, S. 275)

Schon bald nach der Ankunft in den USA begann Hannah Arendt in der intellektuellen Öffentlichkeit ihres neuen Heimatlandes Fuß zu fassen. Sie publizierte Aufsätze in jüdischen Zeitschriften wie *Jewish Social Studies, Contemporary Jewish Record* oder *The Menorah Journal*. Darüber hinaus war sie für Blätter wie *Partisan Review*, die führende liberale Zeitschrift Amerikas, *The Nation* oder den linken *Commentary* aus New York tätig. Arendt schrieb mittlerweile auf Englisch. Ihr erster Artikel in der neuen Sprache erschien bereits 1942 in der *Review of Politics*.

Neue Freundschaften

Das literarisch-intellektuelle Umfeld amerikanischer Verlage und Zeitschriften war auch der Ort, an dem Hannah Arendt neue Freunde fand – ihre »peer group«, wie sie es nannte, in Ergänzung zum »Stamm« der alten Freunde aus Europa. Unter den Menschen, die Arendt ab Mitte der 1940er Jahre kennen lernte, waren auffallend viele Schriftsteller, allesamt klingende Namen der englischsprachigen Literatur des 20. Jahrhunderts: W. H. Auden, Robert Lowell, Randall Jarrell, Alfred Kazin, T. S. Eliot. Die Künstler und Autoren waren fasziniert davon, in den hitzigen Debatten mit Arendt und Blücher ein leidenschaftliches »Denken durch die Zeiten« (A. Kazin) mitzuerleben. Nicht immer klappte es auf Anhieb. So endete

Arendts erstes Zusammentreffen mit der Schriftstellerin Mary McCarthy im Eklat. Erst nach einer Aussprache einige Jahre später wurde daraus eine lebenslange Freundschaft. Neben amerikanischen Schriftstellern gehörten Exilautoren, die wie Arendt aus Europa hatten fliehen müssen, zu ihrem nahen Umfeld. Arendt war zum Beispiel mit dem aus Wien stammenden Hermann Broch, Verfasser der großen Romantrilogie *Die Schlafwandler*, in dessen letzten Lebensjahren eng befreundet. Nach Brochs Tod 1951 half Arendt, seinen Nachlass zu ordnen, und sie gab im Rahmen der Werkausgabe seine Essays heraus.

Hermann Broch

Die Freundschaften halfen Hannah Arendt und Heinrich Blücher, Halt zu finden. Halt, sofern es ihn geben konnte in einer Welt, in der alles zerstört worden war, woran man verlässlich geglaubt hatte. »Das Entscheidende ist der Tag gewesen, an dem wir von Auschwitz erfuhren«, erinnerte sich Arendt im Rückblick auf das Jahr 1943: »Das ist der eigentliche Schock gewesen. Vorher hat man sich gesagt: Nun ja, man hat halt Feinde. Das ist doch ganz natürlich. Warum soll ein Volk keine Feinde haben? Aber dies ist anders gewesen. Das war wirklich, als ob der Abgrund sich öffnet. Weil man die Vorstellung gehabt hat, alles andere hätte irgendwie noch einmal wiedergutgemacht werden können [...]. Dies nicht. Dies hätte nie geschehen dürfen. [...] Da ist irgend etwas passiert, womit wir alle nicht fertig werden« (GG, S. 59 f.).

Was sich mit den Verbrechen der Shoah ereignet hatte, war in den überlieferten Vorstellungen von Politik, Verantwortung, Schuld nicht zu begreifen. Es war etwas geschehen, das »den Kontinuitätszusammenhang unserer Geschichte [...] sprengt« (EU, S. 705). Dies Neue zu verstehen begriff Hannah Arendt als ihre Aufgabe. Nachdem sie das Manuskript ihres Totalitarismus-Buches fertig gestellt hatte, reiste sie im November 1949 erstmals wieder auf die andere Seite des Atlantiks: nach Europa und nach Deutschland.

Wiederbegegnungen mit Deutschland – schillernde neue Heimat USA (1949-1960)

»Ich schwebe ein wenig zwischen Furcht und Hoffnung, was Europa und Besuch angeht«, schrieb Hannah Arendt in einem Brief vor ihrer Abreise aus den USA (AJA, S. 172). Hoffnung gaben ihr in den Jahren nach dem Krieg vor allem Nachrichten vom Überleben naher Freunde: Anne Mendelssohn und ihr Mann Eric Weil, Hans Jonas oder das Ehepaar Karl und Gertrud Jaspers. Dass sie »den ganzen Höllenspektakel« des Nazi-Regimes heil überstanden hatten, ließ Arendt »wieder etwas heimatlicher in dieser Welt zumute« sein (AJA, S. 58). Die Freunde wiederzusehen bedeutete für Arendt, eine lebensnotwendige Kontinuität zu erfahren, die der Nationalsozialismus beinahe vollständig vernichtet hätte.

> »Liebe Hannah Arendt! Heute kam der erste Brief von Ihnen. Wir danken Ihnen beiden herzlich. Aus Ihren Worten fühle ich nicht nur die persönliche Treue, sondern den Geist unbefangener Menschlichkeit, der so unendlich wohltut. [...] Die ganz wenigen genügen, um zuversichtlich zu sein. Es ist die Gewißheit der Wahrheit, die nicht handgreiflich ist, der helle Raum, der uns aufnimmt: ganz gewiß aus der Überlieferung, ganz gegenwärtig, wenn das gute Wort des Freundes uns trifft.« (Karl Jaspers in einem Brief an Hannah Arendt, 2. Dezember 1945; AJA, S. 61)

Zeitschrift *Die Wandlung*

Vor ihrer persönlichen Rückkehr war Hannah Arendt schreibend nach Deutschland zurückgekehrt. Als Autorin der von Karl Jaspers, Dolf Sternberger und Alfred Weber herausgegebenen Zeitschrift *Die Wandlung* berichtete sie erstmals über das System der Konzentrationslager, dachte über die »Organisierte Schuld«, das heißt über die erzwungene Komplizenschaft und schuldhafte Verstrickung vieler Deutscher jenseits der Kollektivschuldthese nach, und erinnerte an jüdische Autoren und Parias wie Franz Kafka oder Heinrich Heine. Ihre Mitarbeit an der Zeitschrift hatte Arendt an eine klare Bedingung geknüpft: »Mir scheint, keiner von uns kann zurückkommen (und Schreiben ist doch eine Form des Zurückkommens), nur weil man nun wieder bereit scheint, Juden als Deutsche oder sonst was anzuerkennen; sondern nur, wenn wir als Juden willkommen sind« (AJA, S. 68). Arendt beharrte darauf, ein neues Zusammenleben im Nachkriegsdeutschland auf Tatsachen und ihre Namen zu gründen, nachdem der Totalitarismus systematisch Fakten und Lügen haltlos miteinander vermengt hatte.

Fünf Monate lang reiste Hannah Arendt im Winter 1949/50 durch Deutschland. Als Geschäftsführerin der Organisation Jewish Cultural Reconstruction hatte sie die Aufgabe, geraubte jüdische Kulturgüter – Bücher, Kunstwerke, Kultgegenstände etc. – ausfindig zu machen und zu inventarisieren, um sie den ursprünglichen Besitzern oder Nachlassorganisationen rückzuerstatten. Während dieser Monate führte sie unzählige öffentliche Diskussionen und private Gespräche. Dabei begegnete Arendt einem Phänomen, das sie in ihrem Reisebericht »The Aftermath of Nazi Rule« als Nachwirkungen des Nazi-Regimes bezeichnete: die Unfähigkeit der Deutschen, das tatsächlich Geschehene anzuerkennen und zu begreifen. Arendt sah sich mit einer tief verwurzelten Haltung der Realitätsflucht konfrontiert, die für sie im Kern eine Flucht vor der Verantwortung war. Mit Tatsachen umgehend, als handele es sich um bloße Meinungen, glaubten viele ihrer Gesprächspartner etwa, »aus der Wirklichkeit der Todesfabrik eine bloße Möglichkeit« machen zu können (BRD, S. 41).

Realitätsflucht der Deutschen, **vgl. S. 74 f.**

»Inmitten der Ruinen schreiben die Deutschen einander Ansichtskarten von den Kirchen und Marktplätzen, den öffentlichen Gebäuden und Brücken, die es gar nicht mehr gibt. [...] Wenn es überhaupt zu einer offenen Reaktion kommt, dann besteht sie aus einem Seufzer ...: ›Warum muß die Menschheit immer nur Krieg führen?‹ Der Durchschnittsdeutsche sucht die Ursachen des letzten Krieges nicht in den Taten des Naziregimes, sondern in den Ereignissen, die zur Vertreibung von Adam und Eva aus dem Paradies geführt haben.« (Hannah Arendt, *Die Nachwirkungen des Naziregimes – Bericht aus Deutschland*, zuerst 1950 auf Amerikanisch erschienen in der Zeitschrift *Commentary*; BRD, S. 39 f.)

Wenn Fakten ihre Verbindlichkeit verlieren, so Arendts Beobachtung, löst sich die Verantwortung für eine gemeinsame Welt in Nichts auf – getreu dem totalitären Herrschaftsprinzip, dass morgen schon verhaftet sein konnte, wer heute als Freund des Regimes galt, mit anderen Worten: dass heute noch wahr sein kann, was morgen schon falsch ist.

Wiederbegegnung mit Jaspers

Einen der wichtigsten Besuche während ihrer Reise machte Arendt in Basel bei Karl Jaspers. Die beiden standen seit Ende 1945 in engem brieflichen Kontakt. In den ersten Jahren hatten oft Care-Pakete mit Lebensmitteln, Medikamenten, Büchern die freundschaftlichen Postsendungen nach Europa begleitet. Für Arendt verkörperten Karl und Gertrud Jaspers die Möglichkeit eines neuen Anfangs. Denn das, wofür ihr Lebensweg stand, war eine seltene Ausnahme: Sie gaben ein lebendiges Beispiel, dass selbst inmitten staatlich legitimierter Unmenschlichkeit so etwas wie Rechtschaffenheit und Anstand möglich waren. Ein stets gefährdetes, prekäres Gelingen, das nur Wirklichkeit werden konnte, weil hier zwei Menschen einander beim Leben behilflich waren. In Jaspers sah Arendt ein Vorbild, weil er die Verbindung von Vernunft, Freiheit und Kommunikation seiner Philosophie auch lebte, weil er zu offenbaren vermochte, was es heißt, »miteinander zu reden und sei es unter den Bedingungen der Sintflut« (VT, S. 12). Das Wiedersehen im Dezember 1949 verglich Arendt daher mit dem Gefühl, »nach Hause zu kommen« – worauf Heinrich Blücher, Arendts Ehemann, mit Worten reagierte, die als Motto für ihre Exilerfahrung stehen könnten: »Das Haus der Heimatlosen, es ist überall, wo die Freunde sind« (ABL, S. 197).

Wiederbegegnung mit Heidegger

Eine zweite wichtige Begegnung auf ihrer Reise hatte Hannah Arendt im Februar 1950 in Freiburg. Dort traf sie Martin Heidegger – getreu der konspirativen Aura ihrer einstigen Liebschaft – in einem Hotel. Das Wiedersehen ließ auf zwiespältige Weise die Zeit stillstehen. Einerseits hatte Heidegger »absolut keine Vorstellung, daß das alles 25 Jahre zurückliegt«, so Arendt (zit. n. EYB, S. 347). Er schien sein NS-Rektorat an der Universität Freiburg ebenso zu ignorieren wie die Vertreibung der Jüdin Hannah Arendt aus Deutschland. Anderer-

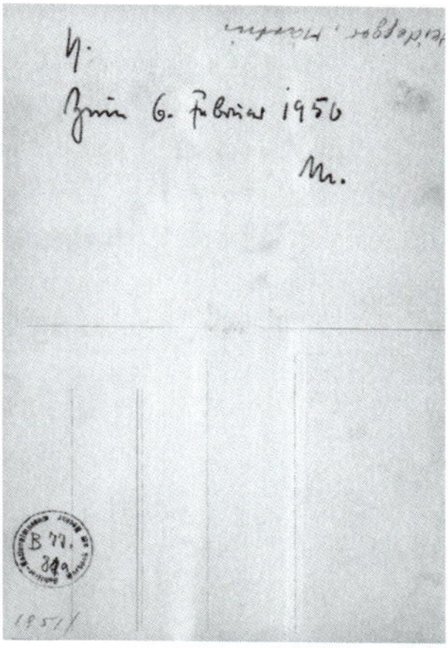

Ein Foto Martin Heideggers, das er Arendt nach ihrer Wiederbegegnung im Februar 1950 schenkte

seits stand für sie nach der Wiederbegegnung mit Heidegger fest: »Dieser Abend und dieser Morgen sind die Bestätigung eines ganzen Lebens« (AH, S. 75). Später schrieb sie ihm, die entscheidenden Gedanken zu *Vita Activa*, Arendts philosophischem Grundlagenwerk, habe sie unmittelbar aus den Gesprächen jener Freiburger Tage bezogen. Und sie notierte eine Widmung, die sie nicht abschickte, die ihr Treffen aber charakterisieren könnte: ein Wiedersehen mit »dem Vertrauten dem ich die Treue gehalten / und nicht gehalten habe, /Und beides in Liebe« (AH, S. 319).

Totalitarismus-Buch, vgl. S. 75 ff

Im Herbst 1951 erschien in den USA *The Origins of Totalitarianism*, Arendts epochales Buch über die *Elemente und Ursprünge totaler Herrschaft*, wie der Titel der vier Jahre später publizierten deutschen Übersetzung heißt. Arendt wagte es hier als Erste, den Totalitarismus als neue politische Herrschaftsform zu begreifen, die sowohl im nationalsozialistischen als auch im stalinistischen Regime ihre Ausprägung gefunden hatte. Sie fragte danach, inwiefern der Totalitarismus die »Freiheit, im Sinne einer politischen und menschlichen Realität«, liquidiert (EIU, S. 408; Übs. T. W.), inwiefern in ihm das Recht, Rechte zu haben, obsolet wird und Menschen als Menschen überflüssig gemacht werden. Obwohl Arendts Buch die Kritik einzelner Forscher, etwa des Politiktheoretikers Eric Voegelin oder des Soziologen David Riesman, hervorrief, standen die folgenden Jahre im Zeichen zahlreicher Einladungen zu Podiumsveranstaltungen, Vorträgen, Gastprofessuren – überall wollte man mit der Autorin der *Origins of Totalitarianism* über diese neue politische Herrschaftsform des 20. Jahrhunderts debattieren.

THE UNITED STATES OF AMERICA
ORIGINAL
No. 6979219

»Certificate of Naturalization«: Einbürgerungsurkunde Hannah Arendts, Dezember 1951

Für Arendt selbst war das Jahr 1951 vermutlich weniger wegen ihres Auftritts als internationale Autorin ein bedeutsames Datum, sondern aufgrund eines anderen Ereignisses: Am 10. Dezember 1951 erhielt sie die amerikanische Staatsbürgerschaft. Arendts 17 Jahre währendes Dasein als Staatenlose fand somit ein glückliches Ende. Komplettiert wurde es im August des folgenden Jahres, als endlich auch Heinrich Blücher den Pass der Vereinigten Staaten in Händen hielt. Die antikommunistischen Hetzkampagnen des berüchtigten Senators Joseph McCarthy hatten linke Intellektuelle wie Blücher der Gefahr ausgesetzt, wegen ihrer KPD-Vergangenheit denunziert und möglicherweise des Landes verwiesen zu werden.

Arendt sah in den Methoden des republikanischen Vorsitzenden des »Ausschusses zur Untersuchung unamerikanischer Umtriebe« eine grundsätzliche Gefahr. Sie befürchtete einen Zustand der Gesetzlosigkeit, in dem Polizeimethoden das normale Leben beherrschen, das öffentliche Gesprächsklima vergiftet ist, die Bürger nur noch als Jobholders fungieren und »der kleine *unabhängige* Mann als politischer Faktor von der Bildfläche verschwindet« (AJA, S. 248). In einem Vortrag an der Princeton University, den die Zeitschrift *Commonweal* nachdruckte, mahnte die Autorin der *Origins of Totalitarianism*, »was immer in Europa geschehen kann, kann tatsächlich auch in Amerika geschehen« (EIU, S. 426; Übs. T. W.).

Aber noch bestand die Möglichkeit, sich in Wort und Schrift zur Wehr zu setzen. Gemeinsam mit der Schriftstellerin Mary McCarthy und dem Publizisten Dwight McDonald plante Hannah Arendt, eine Zeitschrift unter dem programmatischen Titel »Critic« zu gründen. Dieses Vorhaben, ein öffentliches Forum zur Verteidigung der bedrohten bürgerlichen Freiheiten ins Leben zu rufen, scheiterte allerdings am fehlenden Geld. Als sich Ende 1954 das Blatt wendete, atmete Arendt auf: Joseph McCarthy wurde vom Senat öffentlich gerügt, vom Posten des Ausschussvorsitzenden abgewählt und in die Bedeutungslosigkeit verbannt. Ihre Befürchtungen hatten sich nicht bewahrheitet, die freiheitliche »politische Tradition des Landes hat sich wieder einmal durchgesetzt«, wie sie an Jaspers schrieb, »und wir haben, Gott sei's gedankt, getrommelt und gepfiffen, unrecht gehabt« (AJA, S. 301).

Nähe und Distanz zum akademischen Betrieb

Der Erfolg ihres Totalitarismus-Buches bescherte Arendt Lehraufträge an den prominentesten Universitäten des Landes: Sie hielt Vorlesungen in Harvard, in Princeton gab sie als erste Frau die Christian-Gauss-Lectures, 1955 unterrichtete sie in Berkeley ein Semester lang als Gastprofessorin. Arendt war eine ebenso leidenschaftliche wie strenge Lehrerin, die von den Studenten verehrt wurde. Permanent in der Öffentlichkeit zu stehen kostete aber auch Kraft und lenkte von den eigenen denkerischen Aufgaben ab. Bei aller Freude an der Arbeit mit den »Kindern«, wie sie die Studenten liebevoll-ironisch nannte, erfüllten die Lehraufträge nicht zuletzt einen pragmatischen Zweck: Sie sorgten für den Lebensunterhalt der Blüchers.

Zum universitären Betrieb hielt Arendt Distanz. Zu klar hatte sie noch die fatale politische Blindheit und den brutalen Opportunismus der akademischen Eliten in Deutschland von 1933 vor Augen. »Man muß immer von Zeit zu Zeit die Gebildeten sehen«, schrieb sie aus Berkeley an Heinrich Blücher, »um zu wissen, wo man unter keinen Umständen zurück will« (ABL, S. 350 f.). Als Oase in der Wüste erlebte sie die Bekanntschaft mit Eric Hoffer, einem Hafenarbeiter und autodidaktischen Philosophen aus San Francisco. Stundenlang spazierten sie debattierend durch die hügelige Stadt am Pazifik, die Arendt »wie ein ungeheuer vergrößertes Lissabon« vorkam (ABL, S. 337). Auf eine der üblichen Abendeinladungen des berühmten Romanistikprofessors Leonardo Olschki könne man Hoffer nicht mitnehmen, schrieb Arendt in einem Brief – »und das spricht gegen Olschki« (AJA, S. 295).

Teils, um sich nach anstrengenden Semestern zu belohnen, teils, um die Arbeiten der Jewish Cultural Reconstruction zu vollenden, reiste Hannah Arendt weiterhin regelmäßig nach Europa. Mit ausgiebigen Besuchen bei engen Freunden wie Anne Mendelssohn-Weil in Paris oder Karl und Gertrud Jaspers in Basel pflegte sie die kostbare Kontinuität eines Lebens, wie sie nur Freundschaften zu stiften vermögen. Doch seit dem internationalen Aufsehen um ihr Totalitarismus-Buch war Arendt eine öffentlich bekannte und begehrte Person. »Camus hat gerade angeläutet«, berichtete sie aus dem turbulenten Paris, »und Raymond Aron und Jean Wahl sehe ich nächste Woche. Heute abend Koyré [...]. Sartre et al. will ich nicht sehen; das ist sinnlos. Die haben sich ganz in ihre Theorien verkrochen und leben auf einem hegelisch eingerichteten Mond« (ABL, S. 253 f.).

Europa

Nachdem die *Elemente und Ursprünge totaler Herrschaft* 1955 auf Deutsch erschienen waren, führten unzählige Vortragseinladungen Arendt kreuz und quer durch das schillernde Wirtschaftswunderland. In ihren Vorträgen sprach sie klar und deutlich aus, was sie mit ihren Zuhörern verband und was sie von ihnen trennte: »Ich bin eine deutsche Jüdin, die von den Nazis aus ihrem Heimatland vertrieben wurde« (zit. n. Kazin 1978, S. 218). Das studentische Auditorium reagierte mit Begeisterung, die Amts- und Würdenträger hüllten sich in Skepsis. Die Besucherin aus den USA war entsetzt über den Zustand der westdeutschen Universitäten. »Es ist ein blödsinniger Hexenkessel«, beschrieb sie das Sektierertum der alteingesessenen Professoren, die Cliquen von Getreuen um sich scharten und jede ernsthafte Diskussion in theatralische Schattengefechte auflösten – »ich bin froh, daß mich das alles nichts angeht« (ABL, S. 311). Arendts Hoffnung galt den Jüngeren. Zahlreiche Gespräche und Bekanntschaften, die ihre Reisen begleiteten, ließen sie zu dem Schluss kommen, »daß die ganz neue Generation, die heute höchstens Zwanzigjährigen, wieder in Ordnung ist« (ABL, S. 287). Ihre Begabung zur Freundschaft schloss nicht nur ein, bestehende Freundschaften zu pflegen, sondern zugleich neue zu gründen – nicht zuletzt mit jüngeren Deutschen, wie dem Arzt

Johannes Zilkens oder später mit dem Schriftsteller Uwe Johnson.

Preis-verleihungen in Deutschland

Arendts Verhältnis zu Deutschland blieb indes prekär. Zweimal war sie in jenen Jahren aufgerufen, an prominenter Stelle vor die bundesrepublikanische Öffentlichkeit zu treten: Im Herbst 1958 in der Frankfurter Paulskirche als Laudatorin des Friedenspreisträgers Karl Jaspers und zwölf Monate später, im September 1959, zur Dankesrede für den an sie verliehenen Lessing-Preis der Stadt Hamburg. Inmitten eines gesellschaftlichen Klimas, das auf der stillschweigenden Übereinkunft beruhte, die NS-Vergangenheit zu verdunkeln oder in die gegenwartsfernen Sphären eines allgemeinen Humanismus auszuweichen, nutzte Arendt beide Anlässe, um das »Wagnis der Öffentlichkeit« zu würdigen: eine Haltung, die »das sonst Verschwiegene in den Gesprächsraum zu locken, es sprechwürdig zu machen« vermag und somit human; eine Haltung, die das Vergangene nicht »bewältigt«, sondern durch wahrhaftiges Erzählen lebendig hält; eine Haltung, die Unterschiede anerkennt und so auch in finsteren Zeiten eine menschliche Verbindlichkeit bewahrt, die statt auszurufen »Wir sind ja alle Menschen!« mutig die ganze Wahrheit sagt: »ein Deutscher und ein Jude, und Freunde« (JAS, S. 96; LES, S. 40).

Bei ihren öffentlichen Auftritten in Deutschland sprach Han-

> »Mein Liebling, [...] Feierlichkeit ist natürlich immer unangenehm. Aber für einen Freund. Da kann man sich sogar in die Paulskirche stellen, was ja wirklich recht komisch ist. Staatspolitische oder richtungspolitische Fragen sind doch hier gar nicht involviert. Etwas grundsätzlich Politisches aber doch, nämlich daß Jaspers wie Du darin ganz einig seid, daß Ihr euch um die Zukunft des Menschen kümmert und um sonst nichts. Wie Nietzsche. Und ich. Über den Begriff des guten Europäers sollte man da mal richtig reden. And that is just what Heidegger has coming to him anyhow, der Hosenmatzdeutsche.« (Heinrich Blücher in einem Brief an Hannah Arendt, 1. Juni 1958, im Vorfeld von Arendts Laudatio auf den Friedenspreisträger Karl Jaspers; ABL, S. 472)

nah Arendt – die Jüdin, Exilantin, Frau – deshalb aus der Position des »bewussten Paria«. Im Unterschied zum Parvenü, der nach Arendt gleichsam unerkannt in der Gesellschaft aufzugehen und alle tatsächlichen Differenzen vergessen zu machen wünscht, nimmt der Paria sein faktisches Ausgestoßensein aus der Gesellschaft – etwa weil er Jude ist – sehenden Auges an. Aus diesem Akt der bewussten Wahl bezieht er eine Position der Stärke. Über das Konzept von Paria und Parvenü hat Arendt am Beispiel der Berliner Salonière Rahel Levin Varnhagen von Ense ausführlich nachgedacht. Das Buch *Rahel Varnhagen. Lebensgeschichte einer deutschen Jüdin aus der Romantik* (1959) erschien zur gleichen Zeit, als Arendts öffentliche Anerkennung in Deutschland einen vorläufigen Höhepunkt erreichte; so wurde sie zum Beispiel 1958 von der Darmstädter Akademie für Sprache und Dichtung zum korrespondierenden Mitglied gewählt. Diese Gleichzeitigkeit schiebt auf bemerkenswerte Weise Ungleichzeitiges ineinander. Denn das Buch, das Arendt kurz vor ihrer Vertreibung begonnen hatte und erst im Exil fertig stellte, erzählt die Geschichte der *gescheiterten* Assimilation des Judentums in Deutschland. Der »einfache doppelte« Grund, warum jüdische Denker und Autoren wie Rahel Varnhagen oder Heinrich Heine dennoch einen Platz finden konnten in der »Geschichte der europäischen Menschheit«, war Hannah Arendt bewusst und möglicherweise ein Vorbild: Sie waren Juden *und* Parias geblieben (RV, S. 237).

Vgl. *Rahel Varnhagen*, S. 68 ff.

Dem Problem der rechtlichen Gleichstellung bei faktischer gesellschaftlicher Ausgrenzung begegnete Arendt auch in den USA wieder: hier vor allem in Form von nachwirkender Rassentrennung sowie in Fragen der Integration der schwarzen Bevölkerung. Nationales Aufsehen erregten dabei im September 1957 die Ereignisse von Little Rock: Präsident Eisenhower hatte 1 000 Nationalgardisten in die Hauptstadt des Bundesstaates Arkansas entsandt, um den schwarzen Schülern der Highschool Little Rock Nine den Zutritt zum Gebäude zu sichern und sie vor Hass und Gewalt weißer Rassisten zu schützen. Die meisten politischen Kommentatoren unterstützten dabei die Regierung, die mit diesem Exempel die gesetzlich

Little Rock

beschlossene Rassenintegration mit aller Kraft durchzusetzen versuchte. Hannah Arendt hingegen kritisierte Eisenhowers Aktion. Ein Artikel, den ursprünglich der *Commentary* bei ihr in Auftrag gegeben hatte, löste bereits im Vorfeld so heftige Kontroversen aus, dass er erst 1959 in der Zeitschrift *Dissent* erschien (LRO, S. 258 ff.). Arendt vertrat darin die Position, die Kontroverse um die Integration der Schwarzen dürfe nicht auf dem Rücken von Schülern ausgetragen werden. Sie ließ keinen Zweifel daran, dass jede rechtliche Diskriminierung, etwa die Verweigerung des allgemeinen Wahlrechts oder das Verbot von Mischehen, abgeschafft werden müsse. Aber sie sah Würde und Stolz der schwarzen Kinder gefährdet, wenn diese absichtlich Situationen massiver Anfeindungen ausgesetzt wurden. Das gerechte Ziel heiligte für Arendt nicht den Einsatz doktrinärer Mittel. Ob sie »uns Amerikaner in bezug auf unsere intellektuellen Maßstäbe schulmeistern wolle«, nahm der Philosoph Sidney Hook, wie andere Linke oder Liberale, die deutschstämmige Jüdin daraufhin ins Visier (zit. n. EYB, S. 434). Arendt modifizierte später ihre Position, indem sie zwischen dem Kampf der Schwarzen und den unlösbaren Problemen der jüdischen Assimilation, die den persönlichen Hintergrund ihrer Überlegungen bildeten, differenzierte. Gleichzeitig beharrte sie auf dem Kern ihrer Argumentation: Wer Kinder – für welch' hehre Ziele auch immer – instrumentalisiere, schlage ihnen die »Chance, etwas Neues, von uns nicht Erwartetes anzufangen, aus der Hand« (KRE, S. 276).

US-Nationalgardisten eskortieren schwarze Schüler in die High School »Litte Rock Nine«, 1957

»Damit ein Anfang sei, wurde der Mensch geboren« – es ist kein Zufall, dass Arendts Schlüsselargument für den konkreten, politischen Fall von Little Rock mit dem zentralen Gedanken ihres philosophischen Grundlagenwerks übereinstimmt (VA, S. 166). Arendt schritt denkerisch den Möglichkeitsraum für menschliches Handeln, für Politik und Freiheit ab. 1958 erschien *The Human Condition* auf Englisch, zwei

Vgl. *Vita Activa*, S. 85 ff.

Jahre später kam *Vita Activa oder Vom tätigen Leben* auf Deutsch heraus. Das Buch basiert auf Studien und Vorlesungen, die Arendt seit 1953 unter anderem in Princeton, Notre Dame, Berkeley und Chicago gehalten hatte. Es handelt von den Grundbedingungen menschlicher Existenz im Zeichen von atomarer Overkillkapazität, Mondflug, Genforschung und Automation. Arendt öffnete damit ihr Denken nach dem Traditionsbruch für eine neue Perspektive: Sie stellte sich einem mächtigen Erbe der abendländischen Philosophie entgegen, indem sie das Gelingen menschlichen Tätigseins in der Welt nicht an die bewusste Abkehr des Einzelnen von seinen Mitmenschen knüpft, sondern an die weltliche Verbundenheit mit den anderen. Hierin liegen nach Arendt die Chancen zur Freiheit.

Arendts Wohnung am Riverside Drive 370, »mit phantastisch schönem Blick« auf den Hudson River

Das Jahrzehnt der 1950er Jahre beschließt ein privates Ereignis. Im Dezember 1959 zogen Hannah Arendt und Heinrich Blücher von ihrem kleinen Apartment am Morningside Drive 130, wo sie zehn Jahre gelebt hatten, in eine geräumige Viereinhalb-Zimmer-Wohnung am Riverside Drive 370, die ebenfalls an der Upper West Side Manhattans gelegen war. Was Arendt an der neuen Wohnung besonders gefiel, waren die beiden Arbeitszimmer »mit phantastisch schönem Blick auf den Fluß« (AJA, S. 421). Es ist der Blick auf den Hudson River, dorthin, wo Hannah Arendt und Heinrich Blücher nach New York eingefahren waren, als sie mit dem Flüchtlingsschiff aus Europa kamen.

In der Öffentlichkeit: Eichmann-Kontroverse, Krisen der Republik (1960-1970)

»An diesem Prozeß teilzunehmen ist irgendwie, so meine ich, eine Verpflichtung, die ich meiner Vergangenheit gegenüber habe«, schrieb Hannah Arendt vor ihrer Abreise nach Jerusalem, wo Adolf Eichmann vor Gericht stand (zit. n. EYB, S. 452). Im Frühjahr 1960 hatte der israelische Geheimdienst den international gesuchten NS-Verbrecher in Argentinien aufgespürt und nach Israel entführt. Eichmann, ehemals hoher Beamter im Reichssicherheitshauptamt, war für die Deportation von über drei Millionen Juden in die Vernichtungslager Osteuropas verantwortlich gewesen; er hatte das Protokoll der Wannsee-Konferenz 1942 zur »Endlösung der Judenfrage« geführt. Als Arendt von Eichmanns Festnahme erfuhr, entschloss sie sich spontan dazu, über diesen Fall zu schreiben. Auf ihren Vorschlag hin reiste sie im Auftrag der US-amerikanischen Zeitschrift *The New Yorker* als Berichterstatterin nach Jerusalem.

Eichmann-Prozess

Der Prozess begann am 11. April 1961 unter Begleiterscheinungen, die Arendt eine politische Instrumentalisierung des Verfahrens befürchten ließen. So hatte Ben Gurion, Premierminister und Staatsgründer Israels, von vornherein eine Diskussion darüber unterbunden, ob es rechtmäßig sei, den Fall vor einem israelischen und nicht vor einem internationalen Gericht zu verhandeln; statt rechtlicher Aspekte betonte er den erzieherischen Wert des Prozesses für die Jugend des Landes. Die Atmosphäre unter den internationalen Besuchern charakterisierte Arendt als Ausbruch einer »Israelitis«, in der die eigenartigsten Leute plötzlich ihre Liebe zu den Juden entdeckten: Ein deutscher Journalist etwa war ihr schluchzend und mit nichtssagenden Selbstanklagen um den Hals gefallen. »Wie im Theater«, kommentierte Arendt, »zum Kotzen« (ABL, S. 519).

Ein Dreivierteljahr dauerte der Prozess. Er endete – nach Urteilsverkündung, Berufung und Ablehnung der Revision – im Dezember 1961 mit dem Todesurteil gegen Adolf Eichmann. Am 31. Mai 1962 wurde das Urteil vollstreckt. Arendt befürwortete die Entscheidung, Eichmann hinzurichten. Doch sie kritisierte die legalistische Strategie der Anklage, das Urteil auf eine Fülle von »nicht-existierenden Präzedentien« zu gründen, »statt auf der unprecedentedness der Sache zu bestehen« (AJA, S. 471). *Report on the Banality of Evil* nannte sie ihre Jerusalemer Prozessaufzeichnungen: *Ein Bericht von der Banalität des Bösen*. Ihr Versuch, in Worte zu fassen, welche neue Kategorie von Verbrechen mit Eichmann in Erscheinung getreten war, wurde zum Auslöser einer über zwei Jahre

Vgl. *Eichmann in Jerusalem*, S. 97 ff.

lang anhaltenden internationalen Debatte um die NS-Vergangenheit.

Der Auftakt von Arendts *Report* erschien am 16. Februar 1963. Noch bevor der *New Yorker* den letzten Teil der Artikelserie druckte und wenig später Viking Press das Buch herausgab, brach eine Welle der Empörung los. In erster Linie erhoben jüdische Kommentatoren aus Israel und den USA ihre Stimme. Die Auseinandersetzungen entzündeten sich vor allem an drei Punkten: erstens an der Formulierung von der »Banalität des Bösen«. In Arendts Augen war Eichmann kein Sadist oder Fanatiker, kein Ungeheuer, sondern ein »Hanswurst«, unfähig, sich die mörderischen Konsequenzen seiner Taten vor Augen zu führen (EJ, S. 132). Ihre Kritiker reagierten darauf mit Entsetzen: Das Wort »banal« verharmlose Eichmanns ungeheure Schuld, diene der Verteidigung des Angeklagten und demütige die Opfer des Holocaust. Ein zweiter Vorwurf betraf Arendts Darstellung der Judenräte. Ausgehend von Zeugenaussagen beim Jerusalemer Prozess, hatte sie die Kollaboration der jüdischen Selbstverwaltung bei den Deportationen aus den Ghettos thematisiert. »Diese Rolle der jüdischen Führer bei der Zerstörung ihres eigenen Volkes«, so Arendt, »ist für Juden zweifellos das dunkelste Kapitel in der ganzen dunklen Geschichte« (EJ, S. 209). Man warf ihr daraufhin Beleidigung und Verleumdung vor: Sie vertausche auf infame Weise Opfer und Täter. Heftige Gegenreaktionen erregte schließlich Arendts Stil, der – wie in der Wendung von den »jüdischen Führern« – passagenweise bitter ironisch sein konnte. Mit Blick auf ihre Schreibweise kam der mit Arendt befreundete Religionshistoriker Gershom Scholem zu dem harten Urteil, sie sei herzlos und hämisch und liebe das jüdische Volk nicht.

Massive Kritik an Arendts Bericht

Arendt traf diese Kritik vollkommen unerwartet und schockierte sie zutiefst. Selbst enge Weggefährten und Freunde wandten sich im Zuge der Eichmann-Debatte von ihr ab. Kurt Blumenfeld erfuhr auf dem Krankenbett von Arendts Bericht und war empört; ein klärendes Gespräch kam vor seinem Tod am 21. Mai 1963 in Jerusalem nicht mehr zustande. Mit Hans Jonas gelang die Versöhnung nach einer bitteren

»Liebe Hannah,
[...] Es gibt in der jüdischen Sprache etwas durchaus nicht zu Definierendes und völlig Konkretes, was die Juden Ahabath Israel nennen, Liebe zu den Juden. Davon ist bei Ihnen, liebe Hannah, wie bei so manchen Intellektuellen, die aus der deutschen Linken hervorgegangen sind, nichts zu merken. [...] Nach der Lektüre Ihres Buches bin ich von der Banalität des Bösen [...] in keiner Weise überzeugt. Es erscheint diese Banalität auch eher als ein Schlagwort denn als das Resultat einer so eingreifenden Analyse, wie Sie sie unter ganz entgegengesetzten Vorzeichen in Ihrem Buch über den Totalitarismus auf weit überzeugendere Weise gegeben haben. [...] Ihr Gerhard

Lieber Gerhard,
[...] Ich habe nie in meinem Leben irgendein Volk oder Kollektiv ›geliebt‹, weder das deutsche, noch das französische, noch das amerikanische, noch etwa die Arbeiterklasse oder was es sonst noch so gibt. Ich liebe in der Tat nur meine Freunde und bin zu aller anderen Liebe völlig unfähig. [...] Was Sie dabei verwirrt, ist, daß meine Argumente und meine Denkweise nicht vorgesehen sind. Oder mit anderen Worten, daß ich unabhängig bin. Und damit meine ich einerseits, daß ich keiner Organisation angehöre und immer nur im eigenen Namen spreche; und andererseits, daß es darauf ankommt, selbst zu denken, und daß, was immer Sie gegen die Resultate einzuwenden haben, Sie selbige nicht verstehen werden, wenn Ihnen nicht klar ist, daß sie die meinigen sind und niemandes sonst. [...] Ihre Hannah«
(Offener Briefwechsel zwischen Gershom Scholem und Hannah Arendt, Juni/Juli 1963; ASH, S. 63 ff.)

Zeit des Schweigens nur dank des gegenseitigen Versprechens, das Thema Eichmann künftig auszusparen.

Reaktionen in den USA

In den USA wurde die Kontroverse mit besonders harten Bandagen geführt. Die jüdische Anti-Diffamierungs-Liga verschickte Memoranden mit Richtlinien und Materialien zum Kampf gegen das Eichmann-Buch; an die Rabbiner in New York erging per Rundbrief die Aufforderung, gegen Arendt zu predigen. Nahum Goldmann, Präsident der zionistischen

Weltorganisation, sagte auf einer New Yorker Versammlung ehemaliger KZ-Häftlinge vor knapp 1 000 Zuhörern: Arendt beschuldige die europäischen Juden, sie hätten sich aus »Feigheit und mangelnder Bereitschaft zum Widerstand« von den Nazis umbringen lassen (zit. n. EYB, S. 479). Die jüdische Emigrantenzeitung *Aufbau*, für die Arendt in den 1940er Jahren regelmäßig geschrieben hatte, bot Kritikern des Eichmann-Buches breiten Raum, während zustimmende Kommentare kleingehalten wurden. Nicht ohne Grund kam Arendt zu dem Schluss, dies sei »ein klassischer Fall von Rufmord« (AJA, S. 559). Nachdem der Boden fairer Debatten praktisch von Beginn an verlassen war, zog Arendt sich rasch aus den öffentlichen Auseinandersetzungen zurück. Es waren nur wenige Stimmen, die sie öffentlich unterstützten: Mary McCarthy, Bruno Bettelheim, Raul Hilberg, Alfred Kazin – eine kaum vernehmbare Minderheit.

Reaktionen in Deutschland

Auch in der Bundesrepublik überwogen die ablehnenden Reaktionen. Siegfried Moses, der Sprecher des Judenrates für Deutschland, erklärte Hannah Arendt schon im Frühjahr 1963 – so wörtlich – »den Krieg« (zit. n. EYB, S. 477 f.). Die deutsche Buchausgabe von *Eichmann in Jerusalem* erschien im Herbst 1964 beim Piper Verlag, der ungewöhnlich lange mit dem Vertragsabschluss gezögert hatte. Bereits mehrere Monate zuvor waren Arendts Kritiker mit dem Sammelband *Die Kontroverse. Hannah Arendt, Eichmann und die Juden* auf den Plan getreten. Golo Mann äußerte darin die Auffassung, Arendt verdrehe die Wirklichkeit und wisse den deutschen Widerstand nicht angemessen zu würdigen. Für Probst Grüber, der als einziger deutscher Zeuge in Jerusalem ausgesagt hatte, war *Eichmann in Jerusalem* »ein Buch, das besser nicht

> »Der Akt, ein solches Buch in die Welt zu setzen, ist eine Aggression gegen ›Lebenslügen‹. Wo diese getroffen und zum Teil mit Namen ihrer Träger genannt werden, da geht es den Getroffenen um den Sinn ihres Daseins selber. Sie reagieren als Todfeinde.« (Karl Jaspers in einem Brief an Hannah Arendt, 16. November 1963; AJA, S. 567)

geschrieben worden wäre« (zit. n. *Die Kontroverse* 1964, S. 235). Die Vorverurteilungen blieben in Deutschland nicht ohne Wirkung: Der Fachhandel boykottierte anfangs die deutsche Buchausgabe von Arendts Bericht.

Der »Fall Eichmann« stellte einen Wendepunkt in Hannah Arendts Leben dar. Sowohl der Jerusalemer Prozess als auch die Kontroverse um ihren Bericht warfen in Arendts Augen elementare Fragen auf: *Über den Zusammenhang von Denken und Moral*, wie ein erster richtungsweisender Essay heißt, und über die Frage der politischen Urteilskraft dachte Arendt fortan unablässig nach – eine Spur, die bis in ihr unvollendetes Spätwerk *Vom Leben des Geistes* führt.

»Kann Denken Böses verhindern?«, **vgl. S. 109 ff.**

Noch etwas anderes geht auf die Ereignisse um Arendts Eichmann-Bericht zurück: In den 1960er Jahren wurde sie »entgegen ihren Wünschen […] eine öffentliche Person« (EYB, S. 521). Dies traf vor allem auf die USA zu, während die deutsche Öffentlichkeit von ihr kaum Notiz nahm; die Verleihung des Sigmund-Freud-Preises 1967 bestätigt als Ausnahme diese Regel. In Amerika hingegen debattierte Arendt ab Mitte der 1960er Jahre in öffentlichen Seminaren, beteiligte sich an Diskussionen des Institute for Policy Studies in Washington D. C., war Beraterin für die nationale Förderung der Geisteswissenschaften und für den National Book Award. Arendt übernahm 1961 von Mary McCarthy den Vorstand der spanischen Flüchtlingshilfe, war Mitglied des PEN und einiger anderer Komitees, etwa bei Amnesty International. Von dort aus organisierte sie Geld und Unterstützung für sowjetische Dissidenten oder intervenierte mit Protestschreiben und offenen Briefen bei den Regierungen diktatorischer Regimes.

»Öffentliche Person wider Willen«

1963 trat sie eine Professur an der University of Chicago an, 1967 wechselte sie an die New School for Social Research nach New York. In beiden Fällen handelte es sich jedoch um »Professuren mit eingeschränkter Lehr- und Präsenzpflicht«. Gesellschaftlich und institutionell so weit als möglich ungebunden zu sein galt ihr als Voraussetzung für unabhängige geistige Tätigkeit. Nicht zufällig erinnerte Uwe Johnson daran, Anreden wie »Frau Professor« habe sie sich »selbst im Scherz verbeten« (AJO, S. 164).

»So wie der Philosoph einen Pyrrhussieg erringt, wenn es ihm gelingt, seine Wahrheit als herrschende Meinung zu etablieren, bringt der Berichterstatter, sobald er seine Information in den Dienst von Gruppeninteressen und bestimmten Machtformationen stellt, sich um die einzige Chance, unliebsamen Tatsachen Gehör zu verschaffen, und das ist seine persönliche Glaubwürdigkeit.« (Hannah Arendt, *Wahrheit und Politik*, 1963/1969; WUP, S. 353)

Der Ausbruch des Vietnam-Krieges brachte Hannah Arendt erneut, wenn auch auf ganz andere Weise als die Eichmann-Debatte, in die Öffentlichkeit. Im Februar 1965 hatte die amerikanische Regierung begonnen, Nord-Vietnam zu bombardieren; der seit 1954 schwelende Konflikt in Indochina war nach dem Tonking-Zwischenfall zum offenen Krieg eskaliert. Spontan reagierten die Studenten an den Universitäten der USA mit Protesten gegen den nichterklärten Krieg. Zugleich forderten sie auf ihren anhaltenden Kundgebungen, die Benachteiligung der Schwarzen abzuschaffen und die allgemeinen Mitbestimmungsrechte auszuweiten. Arendt sympathisierte mit den protestierenden Studenten und ihren Zielen, schloss sich aber keiner bestimmten Gruppe an. Auch engagierte sie sich nicht direkt, wie zum Beispiel ihre Freundin Mary McCarthy, die als Berichterstatterin amerikanischer Zeitschriften in das Kriegsgebiet fuhr. Arendt ging davon aus, die Regierung der USA würde der öffentlichen Meinung nachgeben und sich rasch wieder aus dem Bürgerkriegsland zurückziehen. Als die politischen Ereignisse ihre Erwartung widerlegten, erkannte sie darin wesentliche Krisenphänomene des politischen Gemeinwesens – entsprechend lautet der Titel ihrer gesammelten Essays aus jenen Jahren *Crises of the Republic.*

Sorge um die amerikanische Republik

Mit Sorge beobachtete Hannah Arendt eine Wende in der amerikanischen Regierungspraxis, die sie an verschiedenen Phänomenen festmachte: Dazu gehörten die verschleppte Aufklärung des Präsidentenmordes an John F. Kennedy, der bedenkliche Machtzuwachs der Geheimdienste oder die gezielte Herstellung eines bestimmten Images der Regierung bis hin zu planmäßiger Manipulation. Arendt befürchtete, »die Lüge« könne vom bekannten taktischen Mittel zur systematischen Strategie der Politik werden. Und nicht zuletzt kritisierte sie, dass die »Revolutionsangst« zum neuen Leitmotiv der amerikanischen Außenpolitik erklärt wurde. Schon 1963 hatte Arendt in ihrem Buch *On Revolution* (dt. *Über die Revolution*, 1965), das aufgrund des Debattenlärms um den Eichmann-Bericht erst verspätet Gehör fand, an den »verlorenen Schatz der Revolutionen« erinnert: an das freiheitliche Potential, das dem spontanen Zusammenhandeln von Menschen innewohnt (ÜR, S. 275).

Über die Revolution, vgl. S. 92 ff.

Arendt sah in den Studentenprotesten eine Art Wiederbelebung des politischen Gründungsaktes der USA. Wie stets, wenn sie über die politische Wirklichkeit urteilte, traf sie dabei strenge Unterscheidungen. Zum Beispiel unterstützte sie in Chicago die Bemühungen der Studenten, die Weitergabe von Informationen an die Musterungsbehörden zu verhindern, mit denen diese besonders gute Studenten vom Kriegseinsatz auszunehmen dachte. Arendt stimmte auch mit dem studentischen Protestziel überein, die Columbia University in New York von der kriegsbezogenen Forschungskooperation mit dem Institute for Defense Analysis abzubringen. Doch sie wandte sich gegen die Besetzung der Universität, da die schwarzen Studenten allem Anschein nach mit Waffen aus Harlem ausgestattet worden waren und nicht – wie Arendt – die Unabhängigkeit der Universität im Sinn hatten, sondern sie dem »Volk«, das heißt einer anderen Kontrollmacht übergeben wollten (EYB, S. 567 ff.).

Die Frage nach legitimen und illegitimen Formen des Protests, die von Berkeley und New York bis Paris und Berlin heiß debattiert wurde, erörterte Arendt bei öffentlichen Auftritten im New Yorker Theatre of Ideas sowie in mehreren Essays. Sie befürwortete zivilen Ungehorsam als Verhaltensform des »guten Bürgers«, der – im Gegensatz zum »guten Menschen« – allein dem höheren Gesetz seines individuellen Gewissens oder einer transzendentalen Moral vertraue. Ziviler Ungehorsam entsteht nach Arendt dadurch, aus der Überein-

Ziviler Ungehorsam

stimmung mit anderen gemeinsam in die Öffentlichkeit zu gehen, um die Autorität bestehender Regeln herauszufordern. »Gewaltlosigkeit« sei dabei das »zweite notwendige Wesensmerkmal des zivilen Ungehorsams« (ZVU, S. 301). Der Verherrlichung von Gewalt, die Arendt in den theoretischen Debatten der Neuen Linken immer wieder wahrnahm, erteilte sie eine klare Absage. Wo Gewaltmittel auf den Plan treten, sah sie die Macht gefährdet. Wie politische Macht entsteht, hatte sie in ihrem Aufsatz *On Violence* (1969; dt. *Macht und Gewalt,* 1970) erklärt: nämlich dann, wenn Menschen sich zusammentun und gemeinsam handeln. Gewalt könne Befehl und Gehorsam erwirken, aber was »niemals aus den Gewehrläufen kommt, ist Macht« (MG, S. 54). Damit widersprach sie entschieden der Auffassung Mao Tse-tungs, der die Studentenbewegung mit seinen Schriften stark beeinflusst hatte.

Während Hannah Arendt in diesen Jahren den politischen Aufbruch der jungen Generation aufmerksam beobachtete, war ihr eigenes Leben von Abschieden gekennzeichnet: 1965 kam Randall Jarrell bei einem Verkehrsunfall zu Tode – jener eng mit Arendt befreundete Schriftsteller, über den sie einmal sagte: »Was immer ich über die englische Dichtung und möglicherweise den Geist dieser Sprache weiß, verdanke ich ihm« (RJA, S. 336). Am 26. Februar 1969 erhielten Arendt und

Gertrud und Karl Jaspers in Basel, Mitte der 1960er Jahre, fotografiert von Hannah Arendt

Tod Karl Jaspers'

Blücher ein Telegramm von Gertrud Jaspers aus Basel: »Karl gestorben MEZ 13.43« (AJA, S. 719). Mit Karl Jaspers, dem Lehrer, dem Freund, teilte Hannah Arendt das Wissen, dass »man im Guten und Bösen dem Wirklichen die Treue halten muß«, denn darauf laufe »alle Wahrheitsliebe heraus und alle Dankbarkeit dafür, daß man überhaupt geboren wurde« (AJA, S. 636 f.). Eine Haltung, die Jaspers in den Jahren nach dem Krieg zur moralischen Instanz, in den Worten Arendts zum »Gewissen Deutschlands« machte. »Auch diejenigen, die nur die Werke kannten und nicht die Person«, sagte Arendt anlässlich der öffentlichen Gedenkfeier für Karl Jaspers am 4. März 1969, »bedurften der Gewißheit, daß es jemanden hinter den Büchern gab – in Basel, in der Austraße – mit lebendiger Stimme und Gebärde. Denn dies nur garantiert ja, daß das, was in den Büchern steht, Wirklichkeit war« (AJA, S. 719).

Tod Heinrich Blüchers

Am 31. Oktober 1970 stirbt Heinrich Blücher. Morgens, in Gegenwart seiner Frau, erlitt er einen plötzlichen massiven Herzinfarkt. Er starb noch am selben Abend im Mount Sinai Hospital. Als am 4. November die Urne auf dem Campus des Bard College beigesetzt wurde, ließ Arendt für ihren nichtjüdischen Ehemann ein Kaddisch, das jüdische Totengebet, sprechen. »Wie soll ich jetzt leben?«, fragte sie ihre Freunde, die in der Nacht von Blüchers Tod in der Wohnung am Riverside Drive zusammengekommen waren (AMC, S. 389).

Das Ehepaar Blücher-Arendt galt vielen als Beispiel gelebter Philosophie – eine dialogische Denkgemeinschaft. Allerdings war hier, anders als in vielen anderen intellektuellen Paarkonstellationen, die Frau Denkerin und Autorin und der Mann das denkerische Gegenüber ohne eigenes Werk. Blücher, der Autodidakt, der ab 1952 am Bard College Philosophie unterrichtete, faszinierte vor allem durch die Intensität seiner Rede und die Präzision seiner mündlichen Formulierungen. Das Schreiben war seine Sache nicht. Freunde, Studenten und Kollegen nannten ihn aus diesem Grund respektvoll »Sokrates«. Blücher ging in seinem Denken davon aus, dass die zwischenmenschlichen Beziehungen das höchste Gut darstellen. Freundschaft und Politik bildeten für ihn die Basis von Philosophie. Hannah Arendts Schreiben war entscheidend geprägt vom Zusammenleben und Zusammendenken mit Heinrich Blücher. Dank ihres Mannes habe sie »politisch denken und historisch sehen gelernt«, sagte Arendt einmal (AJA, S. 67). Ihm hat sie die *Elemente und Ursprünge totaler Herrschaft* sowie die Essaysammlung *Between Past and Future*, ihre »Exercises in Political Thought« gewidmet. – Ins *Denktagebuch* notierte Hannah Arendt nach dem Tod des geliebten Gefährten: »*1971 / Ohne Heinrich.* / Frei – wie ein Blatt im Wind« (DTB, S. 801).

Die letzten Jahre: Freundschaften, Abschiede, Tod (1970-1975)

Auf die Frage, wie sie nach dem Tod Heinrich Blüchers weiterleben solle, gab sich Hannah Arendt selbst die Antwort: durch Freundschaften. Arendt besaß eine außergewöhnliche »Begabung zur Freundschaft«: »Jeder, dem sie ihre Freundschaft schenkte, erlebte sie mit Recht als einzigartig«, beschrieb Lotte Köhler diese Gabe (zit. n. AJO, S. 322). Ein Geschenk, das Arendt von ihren Freunden als Gegengabe zurückerhielt: Anne Mendelssohn-Weil, die Königsberger Jugendfreundin, kam kurz nach Blüchers Tod für längere Zeit aus Paris zu Arendt nach New York. Charlotte Beradt, Chanan Klenbort, Hans Morgenthau, Al Copley, Hans und Lore Jonas – die engen Freunde des New Yorker Emigrantenkreises trafen sich mit ihr in den folgenden Jahren regelmäßig zu gemeinsamen Unternehmungen; häufig zum Abendessen in kleiner Runde in der Wohnung am Riverside Drive. Mindestens einmal jährlich reiste Arendt nach Europa, wo sie neben »Annchen« Weil meist Elke und Robert Gilbert, Ernst Vollrath oder Johannes Zilkens wiedersah. Auch ehemalige Studenten fanden Aufnahme in Arendts Kreis, wie Jerome Kohn, Elisabeth Young-Bruehl, Joan Stambaugh oder Alexander Bazelow, mit dem Arendt eine Edition der Schriften Heinrich Blüchers vorbereitete.

Anne Mendelssohn-Weil, 1967 (Foto aus dem Besitz Hannah Arendts)

Eine der engsten Vertrauten Hannah Arendts in diesen Jahren

Hannah Arendt und Mary McCarthy, Sommer 1971 in Castine

war die Schriftstellerin Mary McCarthy. Gemeinsam bereisten sie im Frühjahr nach Blüchers Tod das »italienische Griechenland« auf Sizilien; später verbrachte Arendt – was sie bislang nur mit den beiden Jaspers praktiziert hatte – mehrere Wochen bei dem Ehepaar McCarthy-West in deren amerikanischem Sommerhaus in Castine/Maine. Auch wenn Mary McCarthy in Paris lebte, wurden stets alle wichtigen Fragen mit Arendt besprochen: Privates, Politisches, aktuelle Schreibprojekte. Aus nächster Nähe begleitete sie Arendts letzte große Arbeit *Vom Leben des Geistes*; brieflich und mündlich diskutierten sie erste Entwürfe. McCarthy reiste eigens ins schottische Aberdeen, wo Arendt im Rahmen der Gifford Lectures aus dem Manuskript vortrug. 1978 gab sie Arendts unvollendetes Spätwerk posthum heraus; Arendt hatte McCarthy als Treuhänderin ihrer schriftlichen Hinterlassenschaften eingesetzt.

Vgl. *Vom Leben des Geistes*, S. 109 ff.

Lotte Köhler

Eine zweite wichtige Vertraute war Lotte Köhler. Die 1919 in Rostock geborene und 1955 in die USA ausgewanderte Germanistin wurde von Arendt liebevoll »Lottchen« genannt – wie ein amerikanisches Echo auf die Königsberger Jugendfreundin »Annchen« Weil. Köhler, die kurz nach dem Krieg bei Arendts Studienfreund Benno von Wiese promoviert hatte, lernte das Ehepaar Blücher-Arendt im Winter 1955/56 kennen. Rasch entwickelte sich eine Freundschaft. Als Arendts

Manuskript über Rahel Varnhagen zum Druck vorbereitet wurde, übernahm Köhler, die am City College von New York unterrichtete, die entscheidenden Abschlussarbeiten. Dennoch verband sie weniger ein Arbeitsverhältnis als eine Freundschaft, in der im emphatischen Sinne das alltägliche Leben geteilt wurde. Lotte Köhler war nach Blüchers Tod Arendts wichtigste Stütze in New York. Als zweite Treuhänderin verwaltete sie Arendts Nachlass, nach Mary McCarthys Tod 1989 kümmerte sie sich elf Jahre lang alleinverantwortlich um den »Hannah Arendt Literary Trust«. Seit 2000 hat der Philosoph Jerome Kohn, Arendts langjähriger wissenschaftlicher Assistent, diese Aufgabe übernommen.

Lotte Köhler, Heinrich Blücher und Hannah Arendt in Palenville, 1960er Jahre

Helen Wolff

Zu den lebenswichtigen Freundschaften nach Blüchers Tod gehörte auch die Beziehung zu Helen Wolff. Hannah Arendt hatte das exilierte Verlegerehepaar Helen und Kurt Wolff Mitte der 1940er Jahre in New York kennen gelernt. Man mochte sich privat und schätzte sich beruflich. Arendt vermittelte zum Beispiel Jaspers' *Große Philosophen* in den neugegründeten Wolff-Verlag. Nach Kurt Wolffs Tod im Jahr 1963 intensivierte sich die Freundschaft der beiden Frauen. Gemeinsam brachten sie 1970 die *Illuminations*, einen Band mit gesammelten Schriften Walter Benjamins, bei »A Helen and Kurt Wolff Book« heraus; wenig später traten sie zusammen ins Executive Board des amerikanischen PEN ein; und als es einmal Schwierigkeiten mit der amerikanischen Heidegger-Ausgabe bei Harper and Row gab, schlug Arendt spontan Helen Wolff vor: »Das sollten wir beide jetzt übernehmen«

> »Mitten im Essen (poached bass with sauce hollandaise) und ganz out of the context legte sie ihr Besteck nieder, wandte sich mir (wir saßen nebeneinander) full face zu, und sagte mit besonderer Eindringlichkeit in Stimme und Ausdruck: ›Helene, wenn du und ich einmal tot sind, weiss dann überhaupt noch jemand was Liebe ist?‹« (Helen Wolff über ihre letzte Begegnung mit Hannah Arendt am 28. November 1975; AJO, S. 320)

(Wolff 1999, S. 118). Eine Freundschaft, die sich so wohl nur in New York, im Exil ereignen konnte: zwei Frauen, die auf ihren beruflichen Gebieten Großes leisteten, die anerkannt und unabhängig waren, und zugleich zwei »grey old ladies«, die eine Welt aufrechterhielten, die vom Untergang bedroht war – eine Welt aus Bildung, Stil und Urteilskraft mit Common Sense.

Die vielleicht unwahrscheinlichste Freundschaft in ihrem letzten Lebensjahrzehnt verband Arendt mit dem deutschen Schriftsteller Uwe Johnson. Er genoss ihr Vertrauen und gehörte, trotz seines entfernten Wohnorts in Europa, zum engen Kreis um Helen Wolff und Lotte Köhler in New York. Johnson hatte mit seiner Familie zwei Jahre lang in Arendts Nachbarschaft an der Upper West Side Manhattans gewohnt. »Ich wünschte wirklich, Sie kämen einfach an den Riverside zurück, wo Sie hingehören«, schrieb sie ihm einmal (AJO, S. 133). Johnsons großes Erzähl- und Erinnerungswerk *Jahrestage* bezeichnete Arendt als »gültiges Meisterwerk für diese ganze Nach-Hitler-Zeit« (AJO, S. 66). Für Johnson war Arendt eine Lehrerin in philosophischen, politischen, jüdischen Fragen. Was er durch sie menschlich und denkerisch neu erfahren hatte, nannte Johnson – mit einem Zitat der gemeinsam verehrten Dichterin Ingeborg Bachmann – »die Tapferkeit vor dem Freund« (AJO, S. 166).

Helen Wolff, 1965

Uwe Johnson, 1973

Seit längerem beobachtete Arendt die Krise der amerikanischen Republik, die während der ersten Hälfte der 1970er Jahre eine neue Dynamik entwickelt hatte: Pentagon-Papiere, Vietnam-Krieg, Watergate-Affäre – Anlässe neuerlicher öffentlicher Interventionen Hannah Arendts. In einem Vortrag zur 200-Jahr-Feier der Amerikanischen Revolution prognostizierte sie dabei sarkastisch: »Nicht Amnestie, sondern Amnesie wird alle unsere Wunden heilen« (ZAR, S. 364). Arendt war der Auffassung, dass die verschiedenen Denkfabriken und professionellen Problem-Löser die Wirklichkeit mit all ihren unangenehmen Tatsachen nicht akzeptierten, sondern unter den Teppich von Theorien und vorgegebenen Bildern (»images«) kehrten. Das Bestreben, die Wirklichkeit berechenbar zu machen, tilge das freiheitliche Potential der Politik, das im spontanen Zusammenhandeln von Menschen und der gemeinsamen Beratung über die Probleme der Wirklichkeit bestehe.

Blickt man vergleichend nach Deutschland und Amerika, ist bemerkenswert, auf welch unterschiedliche Weise Arendt Anfang der 1970er Jahre als »Akademikerin« anerkannt wurde: Ende 1971 gab das Bundesverfassungsgericht einer Klage Hannah Arendts statt; damit hatte sie eine rückwirkende Wiedergutmachung für ihre Habilitation erreicht, die unter nationalsozialistischer Herrschaft verhindert worden war. Auf der Basis dieser »Lex Arendt« konnten nun jüdische Wissenschaftler, deren berufliche Laufbahn durch die Nazis zerstört worden war, ebenfalls Wiedergutmachungsansprüche durchsetzen. Für viele Emigranten und Überlebende bedeutete diese Möglichkeit – ein Vierteljahrhundert nach dem Ende des »Dritten Reiches« – erstmals eine finanziell gesicherte Existenz. Auf der anderen Seite des Atlantiks erfuhr Arendts Arbeit eine andere Form der Würdigung: Im Oktober 1972 fand in Toronto die erste Tagung statt, die sich ausführlich ihrem Werk widmete. An den Vorträgen und Diskussionen nahmen Kollegen, Kritiker und nicht zuletzt Freunde teil, darunter Richard Bernstein, Mary McCarthy, Hans Jonas, William Jovanovich, Ernst Vollrath und Albrecht Wellmer.

> Hans Morgenthau: »Was bist du? Bist du eine Konservative? Gehörst du zu den Liberalen? Wo stehst du [...]?« – Hannah Arendt: »Ich weiß es nicht. Ich weiß es wirklich nicht und habe es nie gewußt. [...] Und ich muß sagen, daß mich das völlig kalt läßt. Ich glaube nicht, daß die wirklichen Fragen dieses Jahrhunderts durch so etwas auch nur im geringsten aufgehellt werden.« (Diskussion auf der Tagung zu Arendts Werk, 1972 in Toronto; EYB, S. 613)

Gifford Lectures 1973/74

Im Frühjahr 1973 war Hannah Arendt eingeladen, die renommierten Gifford Lectures an der University of Aberdeen in Schottland zu halten. Wieder einmal war sie die »erste Frau«, diesmal in einer Vorlesungsreihe, die mit klangvollen Namen von Philosophen wie Bergson, Whitehead oder Dewey bestückt war. Arendt sprach über das Denken. Genauer gesagt, sie fragte nach den moralischen Potentialen des Denkens – ein Thema, das sie seit dem Eichmann-Prozess in Jerusalem beschäftigte: Kann das Denken Menschen davon abhalten, Böses zu tun? Den zweiten Teil ihrer Gifford Lectures widmete sie ein Jahr später dem »Wollen«. Doch schon kurz nach Beginn musste sie die Vorlesungsreihe abbrechen. Am 5. Mai 1974 erlitt Hannah Arendt einen schweren Herzinfarkt, den sie nur mit Glück überlebte.

Nach der Entlassung aus dem Krankenhaus in Schottland reiste sie zur Erholung ins schweizerische Tegna. Arendt nutzte die geographische Nähe zu einem Besuch in Freiburg bei Martin Heidegger – nicht zuletzt, weil sie sich im *Leben des Geistes* intensiv mit Heidegger auseinandersetzte. Doch wie schon in den Jahren zuvor verlief die Begegnung enttäuschend. »Heidegger ist nun plötzlich wirklich sehr alt geworden«, schrieb sie an Mary McCarthy, »sehr taub und zurückgezogen, unnahbar, wie ich ihn nie zuvor gesehen habe« (AMC, S. 546). Martin Heidegger starb, nur wenige Monate nach Hannah Arendts Tod, am 26. Mai 1976.

Arendt musste in diesen Jahren noch weitere schmerzliche Abschiede von nahen Freunden und engen Weggefährten hinnehmen: Im September 1973 starb der Dichter W. H. Auden, kurze Zeit später Philipp Rahv, Herausgeber des *Partisan Review*, im Mai 1974 Gertrud Jaspers. »Als ob Altwerden nicht, wie Goethe sagte, das ›stufenweise Zurücktreten aus der Erscheinung‹ bedeutet«, schrieb Arendt an Mary McCarthy, »sondern die stufenweise (eher plötzliche) Transformation einer Welt mit vertrauten Gesichtern (egal, ob Feind oder Freund) in eine Art Wüste, die von fremden Gesichtern bevölkert ist. Mit anderen Worten, nicht ich bin es, die sich zurückzieht, sondern die Welt ist es, die sich auflöst« (AMC, S. 503).

Im April 1975 wurde Hannah Arendt noch einmal über den Atlantik gerufen. Die dänische Regierung verlieh ihr den Sonning-Preis für ihre Verdienste um die europäische Kultur. In

Sonning-Preis

Hannah Arendt, 1975

ihrer Dankrede zog sie eine Art Bilanz ihres Verhältnisses zu Europa. Ihr Problem sei gewesen, nie den Wunsch nach Zugehörigkeit verspürt zu haben, sagte die aus Deutschland vertriebene Jüdin, die mittlerweile Amerikanerin geworden war. Wenn sie je etwas bewusst für die europäische Kultur getan habe, so Arendt, »it was certainly nothing but the deliberate intent, from the moment I fled Germany, not to exchange my mother tongue against whatever language I was offered or forced to use.« Einzig die Muttersprache bewahre den verlässlichen Maßstab, nicht in gedankenlose Klischees zu verfallen, sondern frei und unabhängig zu urteilen: »through the manifold associations which arise automatically und uniquely out of the treasure of great poetry with which that particular language and no other has been blessed«. Vor diesem Schatz verneigte sich Arendt mit dem einzigen deutschen Satz in ihrer auf Englisch gehaltenen Dankrede, einer anonym überlieferten Volksweise: »Willst du dein Herz mir schenken, / So fang es heimlich an« (alle Zitate SPR, S. 10).

Anfang Dezember begann Hannah Arendt den dritten Teil ihres Buches *Vom Leben des Geistes* zu schreiben. Er sollte vom »Urteilen« handeln und ihre große Arbeit der letzten Jahre beschließen. Am 4. Dezember 1975 hatte sie für acht Uhr ihre langjährigen Freunde Jeanette und Salo W. Baron zum Abendessen eingeladen. Was dann geschah, schilderte Helen Wolff in einem Brief an Uwe Johnson: »Hannah war zuhause, in Heinrichs Sessel, als sie mitten im Gespräch einen leichten Hustenanfall zu haben schien – die Gäste merkten erst das Unheil als ihr die Zigarette aus der Hand und der Kopf zurückfiel – es muss ein Sekundentod gewesen sein. Spät am Abend – es war kurz vor Mitternacht als Lotte [Köhler] mich anrief« (AJO, S. 320).

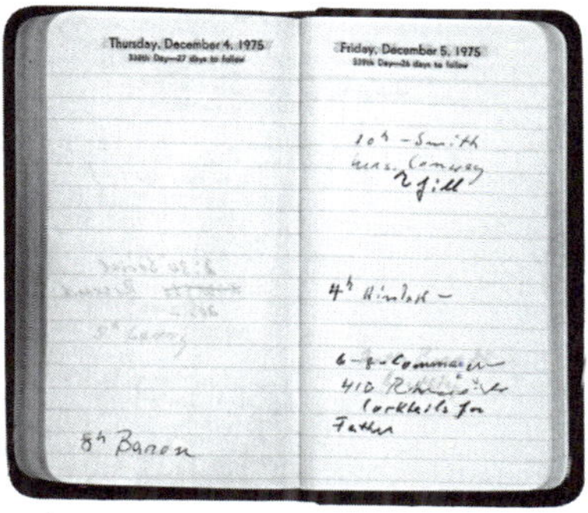

»8 h Baron« Kalendereintrag Hannah Arendts am Tag ihres Todes

Die Trauerfeier folgte, von Arendt so verfügt, dem gleichen Zeremoniell wie die für ihren Mann und fand ebenfalls in der Riverside Memorial Chapel statt. Hannah Arendts Asche wurde an der Seite Heinrich Blüchers auf dem Campus des Bard College beerdigt.

Nach Arendts Tod fand man in ihrer Schreibmaschine das Titelblatt zum dritten Teil von *Vom Leben des Geistes*. Ein Blatt, das in nuce über ihr Leben erzählt. Über das Leben einer Denkerin, die ihre Herkunft in der deutschen Philosophie und Dichtung sah, die in den Vereinigten Staaten von Ame-

Kopf des Titelblatts der ungeschriebenen Abhandlung über »Judging«

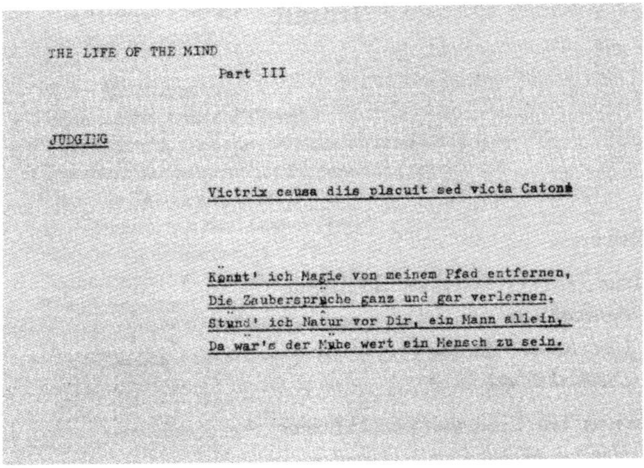
THE LIFE OF THE MIND
Part III

JUDGING

Victrix causa diis placuit sed victa Catoni

Könnt' ich Magie von meinem Pfad entfernen,
Die Zaubersprüche ganz und gar verlernen,
Stünd' ich Natur vor Dir, ein Mann allein,
Da wär's der Mühe wert ein Mensch zu sein.

rika ein Zuhause fand, weil sie dort als Jüdin nicht den Preis der Assimilation für ihr freies Bürgersein zu entrichten hatte, und schließlich einer Denkerin, die das Zerbersten der Traditionen im 20. Jahrhundert zu verstehen suchte, indem sie die Bruchstücke der Vergangenheit auf erstaunliche Weise in der Gegenwart ansiedelte: »The Life of the Mind / Part III / Judging« spricht der Kopf des hinterlassenen Blattes auf Amerikanisch, darunter erklingt in einem lateinischen Cicero-Zitat das Echo der Antike, und aus Goethes *Faust II* verkünden vier Verse in deutscher Sprache:

Könnt' ich Magie von meinem Pfad entfernen,
Die Zaubersprüche ganz und gar verlernen,
Stünd' ich Natur vor Dir, ein Mann allein,
Da wär's der Mühe wert ein Mensch zu sein.

Werk

Was ist das »Werk« Hannah Arendts? Die Frage ist alles andere als trivial. Sie stellt sich unmittelbar aus Arendts Schreiben. In *Vita Activa oder Vom tätigen Leben* bemerkte sie, Schreiben sei eine Tätigkeit wie andere auch. Es stelle Dinge her, die ohne diesen Akt der Realisierung weder in der Welt wären noch Dauerhaftigkeit besäßen. Was Arendt durch ihr Schreiben verdinglicht, sind Gedanken: niedergeschrieben, verwandelt in Buchstaben und Bücher. Das Werk ist somit ein greifbares Produkt. Seine besondere Gestalt gilt es zu verstehen und nachzuzeichnen, um das in ihm materialisierte Denken anschaulich werden zu lassen.

Vielfalt

Bei Hannah Arendt heißt dies zunächst, Vielfalt anzuerkennen. Arendt hat Bücher über große Themen verfasst: über Totalitarismus, Revolution, Macht, Handeln, die Vermögen des Geistes. Sie hat Artikel geschrieben, Essays, Rezensionen, Porträts, für Zeitungen, Zeitschriften, Fachblätter, über philosophische, kulturgeschichtliche, politische und literarische Themen. Sie hat Dankreden und Vorträge gehalten, Interviews gegeben und Gespräche geführt, die anschließend publiziert wurden. An Universitäten hielt sie Vorlesungen, Seminare, Kolloquien; viele davon sind schriftlich dokumentiert. Über zwei Jahrzehnte lang, von 1950 bis 1973, führte sie ein *Denktagebuch*. Wie andere ihrer Schriften ist es posthum veröffentlicht worden, als Edition aus dem Nachlass. Dort lagern noch zahlreiche unpublizierte Manuskripte, Entwürfe, Projektausarbeitungen. Hinzu kommt Arendts umfangreiche Korrespondenz, aus der mittlerweile einige Briefwechsel in Buchform vorliegen.

Was also ist Arendts Werk? Die verschiedenen Genres bilden keine Hierarchie. Denken kann in die Form eines Essays gebracht werden, eines Buches, eines brieflichen Gesprächs, einer Notiz. Die Publikation, die Arendt selbst für ihre beste hielt, *Between Past and Future,* trägt den Untertitel »Exercises in Political Thought«. Denken ist für sie ausprobieren, üben, erproben. Heterogenität ist dabei kein Ausdruck von Schwäche – mehrere Stimmen vermögen Unterschiedliches zu sagen –, und Unvollendetes ist kein Zeichen des Scheiterns, denn auch wieder verlassene Wege weisen Richtungen.

Sprache

Das Denken entwächst nach Arendts Verständnis der lebendigen Erfahrung; obwohl es frei sei, bleibe die Kurve seiner Aktivität »an Ereignisse gebunden, wie der Kreis an seinen Mittelpunkt« (zit. n. Kallscheuer 1993, S. 150 f.). Arendt versteht Sprache politisch: als Ausdruck dessen, wie jemand in der gemeinsamen Welt mit anderen existiert. Sie handelt über Totalitarismus anders als über Eichmann, über die automatisierte Welt anders als über Watergate. Arendts Werk fehlt jede selbsterklärte Programmatik, Theorie oder »Poetik« des eigenen Denkens. Dennoch lassen sich zwei Leitmotive herausgreifen: das »Ich will verstehen!«, worauf sie im Gespräch mit Günter Gaus 1964 hinwies, sowie ihr Vertrauen in die Fähigkeit, Unterscheidungen zu treffen. In diesem doppelten Sinne setzt Hannah Arendts Denken und Schreiben immer wieder neu an. Staunend stellt es sich der Realität, die es mit anderen teilt – der politischen Wirklichkeit.

Arendts Werk trägt die Insignien ihrer Zeit – einer Zeit der Brüche. Der erste entscheidende Bruch ereignete sich 1933. Nach der Machtergreifung der Nazis musste Hannah Arendt das Land ihrer Herkunft und ihrer Muttersprache verlassen. Erst nach fast einem Jahrzehnt publizistischer Abstinenz trat sie in Amerika wieder als Autorin an die Öffentlichkeit. Fortan schrieb sie buchstäblich in zwei Sprachen: auf Amerikanisch und auf Deutsch. Die Artikel und Bücher, die sie zuerst auf Englisch verfasste, übersetzte sie größtenteils selbst ins Deutsche; mit Blick auf eine andere Leserschaft sind dabei meist vollkommen neue Texte entstanden. Diese Mehrsprachigkeit wurde zum unverzichtbaren, kennzeichnenden Echoraum, in dem Arendt über die Katastrophen des 20. Jahrhunderts nachdachte und die Traditionen des Denkens befragte.

Der Liebesbegriff bei Augustin

Der Liebesbegriff bei Augustin. Versuch einer philosophischen Interpretation. Berlin: Springer Verlag 1929.

»Es gilt die Widersprüche als das, was sie sind, stehen zu lassen, sie als Widersprüche verständlich zu machen, das, was hinter ihnen steht, zu erfassen«, beschließt Hannah Arendt ihre Einleitung zum *Liebesbegriff bei Augustin* (AUG, S. 28). Dem 1929 erschienenen Band liegt die Dissertation zugrunde, mit der die 22-Jährige im Jahr zuvor bei Karl Jaspers promoviert hatte. Die Widersprüche, die sie bei Augustin, dem christlichen Denker am Übergang von der Antike zum Mittelalter, »*nebeneinander*« stehen lassen wollte, werden Arendts eigenes Denken lebenslang beschäftigen: das Nebeneinander von theoretischem, abstrahierendem, tendenziell dogmatischem, vereinheitlichendem Denken und weltzugewandtem, erfahrungsbasiertem, undogmatischem, unterscheidendem Denken.

Vgl S. 21 und S. 120 f.

Arendts Analyse der Schriften Augustins orientiert sich vor allem an der »Frage nach der Relevanz des Nächsten für den der Welt und ihren Begierden entfremdeten Gläubigen« (AUG, S. 23). Arendt erkennt bei Augustin eine implizite Kritik am herrschenden Liebesbegriff seiner Zeit: dem der Gottesliebe.

Das christliche Liebeskonzept, das den Einzelnen nur insofern mit seinem Nächsten verbunden sieht, als beide sich in dieselbe Relation zu Gott stellen können, isoliert den Einzelnen. Tatsächlich sei der Mensch jedoch »seiner Natur nach ein soziales Wesen«, er gehöre zu der Gemeinschaft der Menschen, die von Adam abstammen: eine ursprüngliche Zugehörigkeit, die natürlich gegeben und geschichtlich begründet sei (AUG, S. 114). Nur in diesem weltlichen Verständnis *de mundo* – der Weltzugewandtheit – erhalte der Einzelne Relevanz. Das menschliche Sein sei doppelt konstituiert, schließt sie ihre Augustin-Lektüre: im *Glauben* an die Zugehörigkeit zur Gemeinschaft Gottes und in der *Erfahrung* der Zugehörigkeit zur Gemeinschaft der Menschen.

Liebe zur Welt

Arendts Deutung lenkt das Augenmerk auf die in der herkömmlichen Rezeption verborgene Seite von Augustins Liebesbegriff: auf den Gedanken, dass erst die »Liebe zur Welt«

Himmel und Erde zur gemeinsamen Gegenwart einer »res mutabilis [veränderbaren Sache]« mache (AUG, S. 34 f.). Hier klingt bereits eine politische Philosophie an, die in Arendts Vorstellung des *Amor mundi* – der Liebe zur Welt – und im Vermögen, etwas immer wieder neu und »anders« anzufangen, zwei ihrer Grundgedanken finden wird. Ein drittes Leitmotiv taucht in einer überraschenden Formulierung des Augustinus-Buches auf: »Das woran sich der Mensch assimiliert, ist Gott als das summum esse, das einfache pure Sein, vor dem alle individuellen Unterschiede verschwinden«, schreibt sie, und die »ewige Grenze dieses Prozesses der Assimilation« sei die Gleichheit, die Gleichheit des menschlichen Geborenseins (AUG, S. 85). Mit dem politischen Begriff der »Assimilation« tritt die jüdische Autorin Hannah Arendt in Erscheinung. Sie reflektiert den Anpassungsdruck, der von christlichen Denktraditionen ausgeht und benennt die »Grenze«, das heißt den Ausschlussmechanismus, der an einem ganz bestimmten Ort zu greifen beginne: wenn die Unterschiede, die den einzelnen Menschen zum Individuum machen, nichtig geworden sind. Die Erfahrung von Anpassungsdruck und Ausgrenzung gehörte zum Alltag Hannah Arendts. Die Art und Weise, wie sie diese Erfahrung durchdenkt, macht kenntlich, dass es sich dabei nicht nur um eine private Geschichte handelt. Es geht um einen größeren Zusammenhang, dem sie ihre folgende Arbeit widmen wird: die Geschichte der Juden in Deutschland.

Der Umschlag der Erstausgabe von Arendts Augustinus-Buch

Rahel Varnhagen. Lebensgeschichte einer deutschen Jüdin aus der Romantik

Rahel Varnhagen. The Life of a Jewess. London: East and West Library 1958; *Rahel Varnhagen. Lebensgeschichte einer deutschen Jüdin aus der Romantik.* München: Piper Verlag 1959.

Das Buch beginnt mit einer Szene an Rahel Varnhagens Totenbett. Dort bekannte die 63-Jährige: »Was lange Zeit meines Lebens mir die größte Schmach, das herbste Leid und Unglück war, eine Jüdin geboren zu sein, um keinen Preis möcht' ich das jetzt missen« (RV, S. 17). Die Geschichte, die Rahel Varnhagen hier erstmalig als ihre eigene anerkenne, kommentiert Arendt, sei die Geschichte der Juden in Deutschland – die Geschichte einer gescheiterten Assimilation.

Zu der Zeit, als Arendt an dem Buch über Rahel Varnhagen (geb. Levin) arbeitete – 1933, bei der Flucht aus Deutschland, war das Manuskript fast fertig, die beiden letzten Kapitel entstanden im Pariser Exil –, stritt sie mit ihrem Freund und Lehrer Karl Jaspers über das »deutsche Wesen«, diskutierte mit Kurt Blumenfeld über Zionismus und suchte einen Ort als Autorin in der intellektuellen Öffentlichkeit. In diesem Buch, das erst über 20 Jahre später erschien (engl. 1958; dt. 1959), beobachtet Arendt, wie eine deutsche Jüdin in Briefen und Tagebüchern ihr Leben aufschrieb, wie sie zum »Sprachrohr des Geschehenen« wurde und wie sie Geschehenes in Gesagtes umwandelte – erzählte, tradierte –, so dass es erinnert werden kann. *Rahel Varnhagen. Lebensgeschichte einer deutschen Jüdin aus der Romantik* ist daher nicht nur ein Buch über jüdische Kulturgeschichte, das implizit eine politische Theorie entwickelt, sondern es wird darin zugleich über Formen und Verfahren der Überlieferung nachgedacht.

Vgl. S. 21 f. und S. 44

»Was machen Sie? Nichts. Ich lasse das Leben auf mich regnen.« (Tagebucheintrag Rahel Varnhagens am 11. März 1810; zit. n. RV, S. 259)

Arendt erzählt Rahels Lebensgeschichte entlang des *Buch des Andenken*, eine von Karl August Varnhagen besorgte Sammlung ihrer Briefe und Tagebuchnotizen. Arendt beschreibt das Gelingen, vor allem aber das Misslingen von Rahels Bemühungen um gesellschaftliche Anerkennung. Exakt in der Mitte des Buches steht das Kapitel »Assimilation« – der Fluchtpunkt ihres Blickes auf das Leben Rahel Varnhagens. »Rahel will aus dem Judentum heraus«, stellt Arendt fest und zählt verschiedene Stationen auf, an denen dieses Ansinnen scheiterte: Rahels Verlobung mit dem Grafen Karl von Finckenstein, die aufgelöst wurde, weil die adlige Familie Vorbehalte gegen die Hochzeit mit einem »Judenmädchen« hegte; Rahels Beziehung zu Friedrich Gentz, der sie verstand wie kaum ein anderer und sie zugleich verriet, weil er Antisemit war; Rahels Liebe zu dem spanischen Diplomaten Ra-

Fluchtpunkt »Assimilation«

phael D'Urquijo, der ihr Unabhängigkeitsverständnis als Frau nicht akzeptieren konnte. Dagegen schienen Rahels Zeitgenossinnen wie Henriette Herz oder Dorothea Schlegel gesellschaftliche Anerkennung erreicht zu haben – jedoch immer nur als Einzelne, nicht als akzeptierte Mitglieder der jüdischen Gemeinschaft. Scheinbar hatte es auch Rahel geschafft, als sie den 14 Jahre jüngeren Karl August Varnhagen von Ense, Sekretär beim Wiener Kongress, im Jahr 1814 heiratete. Jedoch: Trotz zwischenzeitlicher Namensänderung (in Friederike Robert), christlicher Taufe und bürgerlicher Ehe konnte sie das gesellschaftliche Stigma nicht abschütteln. »Angewachsen ist Rahel das Judentum«, so Arendt, »wie dem Lahmen sein zu kurzes Bein« (RV, S. 228).

Dem Streben nach sozialer Anerkennung korrespondiert nach Arendts Auffassung eine denkerische Haltung: Orientiert am Denken der Aufklärung, hätten für Rahel Varnhagen keine Fakten gezählt; sie habe nur den Resultaten reinen Denkens Anspruch auf Gültigkeit, Wahrheit und Überzeugungskraft zugebilligt. Für die »Sophistik der Assimilation«, so Arendt, ist diese autonome Denkhaltung »das wichtigste Stück deutscher Aufklärung« (RV, S. 26). Denn auf diese Weise hätten die aus der Gesellschaft faktisch ausgeschlossenen Juden an einer Gemeinschaft teilhaben können, die nicht der gesellschaftlichen Legitimation bedurfte, sondern frei schwebend und unabhängig von der Wirklichkeit zu begründen war. Eine Zeit lang schien es hierfür einen gesellschaftlichen Ort zu geben: Rahels Dachstube in der Jägerstraße. Hier fand einer jener sogenannten jüdischen Salons statt, wo dem Mythos zufolge Prinzen und Fürsten, Minister und Diplomaten, Schauspieler und Schriftsteller, Juden und Nichtjuden unabhängig von sozialen Konventionen in gebildeter Geselligkeit zusammenkamen – ein Frieden, dem die Krisendiagnostikerin Hannah Arendt wenig Glauben schenkte. Sie betrachtet dieses Salonleben als »Produkt der zufälligen Konstellation einer gesellschaftlichen Übergangsepoche«, das die Ausschlussmechanismen nicht überwunden, sondern sogar verdoppelt habe: »Der jüdische Salon in Berlin war der soziale Raum außerhalb der Gesellschaft, und Rahels Dachstube stand noch einmal außerhalb der Konventionen und Gepflogenheiten auch des jüdischen Salons« (RV, S. 71 f.).

»Wir sind *neben* der menschlichen Gesellschaft. Für uns ist kein Platz, kein Amt, kein eitler Titel da! *Alle* Lügen haben einen: die ewige Wahrheit, das richtige Leben und Fühlen, das sich unabgebrochen auf einfache tiefe Menschenanlagen, auf die für uns zu fassende Natur zurückführen läßt, *hat keinen!*« (Rahel Varnhagen in einem Brief an Pauline Wiesel vom 12. März 1810; zit. n. RV, S. 230)

Programmatisch überschreibt Arendt ihr Schlusskapitel: »Aus dem Judentum kommt man nicht heraus«. Trotz aller Bemühungen und Teilerfolge habe Rahel ihre soziale Isolierung nie ganz durchbrechen können. Ihr sei es nicht gelungen, sich vollkommen zu assimilieren. Denn in einer »im großen Ganzen judenfeindlichen Gesellschaft« könne man sich »nur assimilieren, wenn man sich an den Antisemitismus assimiliert« (RV, S. 234). Wer als Parvenü in einer Gesellschaft aufgehen wolle, müsse auch ihre Vorurteile übernehmen. Er müsse die Akzeptanz der Höhergestellten lieben lernen, wo doch nur Gehorsam möglich sei. Diesen aufgezwungenen Stolz, diese falsche Liebe habe Rahel instinktiv verweigert. So konnte sie ihre Pariaqualitäten in das Parvenüdasein hinüberretten: Sie habe ihr Vermögen bewahrt, spontan zu reagieren und eine sinnliche Verbindung zur Welt zu behalten, die lebendig und unberechenbar war. In dieser Fähigkeit erkennt Arendt den Nukleus einer politischen Theorie: »Rahel [...] sträubt sich gegen eine Gesellschaft und ein Weltverständnis, dessen Grundlagen ihr immer feindlich sein müssen, nicht ihr persönlich, aber ihr als Jüdin, gegen eine Gesellschaft, die ihr nie das Primitivste, Wenigste und Wichtigste von sich aus zugestanden hätte: gleiche Menschenrechte« (RV, S. 174).

Paria und Parvenü

»Rahel ist Jüdin und Paria geblieben« – aus diesem Grund habe sie einen Platz in der europäischen Geschichte und damit Eingang in die Tradition finden können, erklärt Arendt am Ende des Buches (RV, S. 237). Rahel habe die Geschichte eines Bankrotts und ein rebellisches Herz hinterlassen – ein doppeltes Testament, das interpretiert werden muss. »Der Text aus meinem alten beleidigten Herzen wird doch dabei der Ihrige bleiben müssen«, zitiert Arendt abschließend aus einem Brief Rahels an Heinrich Heine (RV, S. 238). Und schreibt damit Rahels Nachkommen indirekt eine politische Forderung ins Stammbuch: Mutig, als bewusster Paria zu dem zu stehen, der man ist, und sich als der zu wehren, als der man angegriffen wird.

»Irgend etwas zwischen einem Historiker und einem politischen Publizisten«: Artikel und Essays in amerikanischen und deutschen Zeitschriften

Sammelbände: *Sechs Essays.* Heidelberg: Verlag Lambert Schneider 1948; *The Jew as a Pariah.* Hg. v. Ron Feldman, New York: Grove Press 1978; *Essays in Understanding.* New York: Harcourt Brace 1994; *Vor Antisemitismus ist man nur noch auf dem Monde sicher.* Hg. v. Marie Luise Knott, München: Piper Verlag 2000.

»Nie wieder! Ich rühre nie wieder irgendeine intellektuelle Geschichte an« – mit diesem strikten Vorsatz verließ Hannah Arendt 1933 Deutschland (GG, S. 57). Sie war entsetzt über die Unfähigkeit der Universitätsgelehrten, die politische Lage zu beurteilen; mit zunehmender Erbitterung hatte sie erleben müssen, wie Kollegen und Freunde sich von ihr und ihresgleichen abwandten. Ein persönliches Merkmal war zum politischen Problem geworden: die Zugehörigkeit zum Judentum. Schreibend trat Arendt erst in den USA wieder an die Öffentlichkeit, allerdings im Bewusstsein der vorangegangenen Erfahrung und in veränderter Gestalt: nicht als Philosophin
Vgl. S. 32
oder wissenschaftliche Autorin, sondern als »eine Art freier Schriftsteller [...], irgend etwas zwischen einem Historiker und einem politischen Publizisten«, wie sie im November 1945 an Karl Jaspers schrieb (AJA, S. 59). Was sich hinter dieser Selbstbeschreibung verbirgt, sind nicht weniger als 80 Artikel, Essays, Rezensionen, die Arendt zwischen 1941 und 1951 in amerikanischen und deutschen Zeitschriften veröffentlichte; hinzu kommen über 50 Beiträge für die jüdische Emigrantenzeitung *Aufbau.*

In den Jahren zwischen der Ankunft in den USA (1941) und

dem Erscheinen ihres Buches über den Totalitarismus (1951) erhalten Arendts Schriften neue deutliche Konturen: Sie waren in zwei Sprachen verfasst, an zwei Öffentlichkeiten gerichtet und durch zwei kulturelle und politische Räume geprägt – Deutschland und Europa auf der einen, die USA auf der anderen Seite. Arendt war getrieben von dem Bedürfnis zu verstehen, was bei der Vertreibung und fast vollständigen Vernichtung der europäischen Juden geschehen war und wie es dazu hatte kommen können.

»Eine ganze Reihe herausragender Wissenschaftler hat das äußerste getan, um den Nazis Ideen und Methoden zu liefern: zur Prominenz unter ihnen zählten der Jurist Carl Schmitt, der Theologe Gerhard Kittel, der Soziologe Hans Freyer, der Historiker Walter Frank (der ehemalige Direktor des Reichsinstituts zur Erforschung der Judenfrage in München) und der Existentialphilosoph Martin Heidegger. [...] Es ist eine Tatsache, daß keiner der erstklassigen deutschen Wissenschaftler je eine einflußreiche Position erreicht hat, doch dies heißt nicht, daß sie es nicht versucht hätten. Die Mehrheit von ihnen war sogar ziemlich bald einigermaßen unangenehm berührt von der ausgesprochenen Vulgarität der Repräsentanten des Naziregimes – nicht allerdings von deren Verbrechen.« (Hannah Arendt, Essay »The Image of Hell«, zuerst 1946 im *Commentary* erschienen; zit. n. BHÖ, S. 55 ff.)

Judentum, Israel, Exil

Ihre Botschaft aus dem *Rahel*-Manuskript, man müsse sich als der wehren, als der man angegriffen wird, übermittelt Arendt zunächst in ihren Artikeln für den *Aufbau*. Die New Yorker Exilzeitung bildete ein Forum für alle deutschsprachigen Juden in der »freien Welt«. Arendt schrieb ihre Beiträge in deutscher Sprache und nahm als Jüdin Stellung zu Fragen jüdischer Politik – zur Judenverfolgung in Europa, zum Exil, zu den Lagern. Vor allem aber intervenierte sie mit ihren Artikeln in die Diskussionen um Palästina. Hellsichtig hatte sie erkannt, dass der geplante jüdische Staat nur bestehen konnte, wenn er zu einem friedlichen Miteinander mit seinen Nachbarn finden würde. Daher sprach sie sich für eine konföderative Lösung aus. Freiheit sei weder ein Geschenkartikel noch eine Prämie für ausgestandene Leiden, betont Arendt immer wieder gegenüber ihren jüdischen Lesern. Als Kolumnistin im öffentlichen Meinungsstreit stand sie für diese Haltung ein: mit Artikeln, die »allen eingefahrenen Täter-Opfer-Dichotomien entgegenlaufend, das Ringen um eine politische Strategie im Kampf um Freiheit und Demokratie« erkennbar werden lassen (Knott 2000, S. 10).

Stärker reflexiv, weniger tagesaktuell, aber gleichermaßen politisch fragt Arendt in ihren Essays nach der Stellung der Juden in der Gegenwart. Die auf Englisch verfassten Texte erschienen in Zeitschriften wie *Jewish Social Studies, The Menorah Journal, Jewish Frontier, Partisan Review, The Review of Politics, The Nation* oder *Commentary*. Im Essay »We Refugees« von 1943 (dt. »Wir Flüchtlinge«, 1986) griff sie das Thema der Assimilation wieder auf. Arendt kritisiert darin die Realitätsblindheit, mit der in der Emigration nur wiederholt werde, was schon vorher gescheitert war: der Wunsch, ohne Unterschied akzeptiert zu werden. Gerade die staatenlosen Juden müssten jedoch darauf pochen, einen rechtlichen Status zu erhalten, postuliert Arendt. Dies durchzusetzen sei von parvenühaften Emporkömmlingen nicht zu erwarten, sondern verlange »bewußte Parias« (WFL, S. 20). Die politische Kategorie des Paria bezieht Arendt von dem französischen Autor Bernard Lazare. Den Horizont dieser Tradition spannt sie von Heinrich Heine bis Franz Kafka – allesamt jüdische Dichter, doppelt außen Stehende, mit einem besonderen, einem politischen Sinn für die Freiheit. »Frei wird der Mensch geboren, und in die Knechtschaft verkauft er sich immer nur selbst«, fasst Arendt das verbindende Paria-Bewusstsein zusammen, das ihrer Ansicht nach einen besonders klaren Blick auf die politischen Ereignisse der Zeit ermöglichen kann: nicht durch die Brille der Ideologie, sondern »wie durch die Gläser eines Teleskopes, entfernter und schärfer« (VT, S. 56 f.).

Der Essay »The Aftermath of Nazi Rule – Report from Germany« bildet den Schlusspunkt dieser wichtigen Arbeitsphase und markiert gewissermaßen den Übergang zu Arendts Totalitarismus-Buch. Es ist ein Bericht über Nachkriegsdeutsch-

Vgl. S. 37, »to come to terms with ...«

land, den sie während einer Reise als Repräsentantin der Jewish Cultural Reconstruction verfasste und der 1950 im amerikanischen *Commentary* erschien (dt. erstmals 1982). Der Text steht in mehrfacher Hinsicht paradigmatisch für Arendts Denken. Er ist entlang von Bildern und Geschichten geschrieben, die die Nachwirkungen des NS-Regimes als erinnerungswürdiges Geschehen fassen. Arendts zentrale Beobachtung dabei lautet, dass sich die Deutschen der Verantwortung entziehen, Tatsachen wie die Vernichtungslager als bloße Meinungen behandeln und zudem einen Mangel an politischem Urteilsvermögen und eine Unfähigkeit zu Empathie zeigen: »Symptom einer tief verwurzelten, hartnäckigen und gelegentlich brutalen Weigerung, sich dem tatsächlich Geschehenen zu stellen und es zu begreifen« (BRD, S. 39). Die entsprechende Stelle in der englischen Originalfassung lässt die Dimensionen ihrer Überlegung noch klarer verständlich werden: » [...] to face and to come to terms with what really happened« (EIU, S. 249). Überträgt man die Passage in bewusst ausgereizter Wörtlichkeit ins Deutsche, ist darin Arendts Schreibprogramm dieser und der folgenden Jahre formuliert: mit dem »Gesicht« – das heißt unter dem Einsatz der eigenen Person – zu Begriffen und Worten zu kommen für das, was tatsächlich geschehen ist. Es ist bemerkenswert, dass Arendt ihre Forderung, sich den Tatsachen auszusetzen und sie zu beschreiben, nicht als getrennte Tätigkeiten in eine zeitliche (erst, dann...) oder zielgerichtete (um zu...) Abfolge stellt. Sie ordnet sie einander parallel mit einem »und« zu: die politische Wirklichkeit müsse erfahren *und* eine Sprache für sie gefunden werden.

Drei Bücher, zwei Sprachen, ein Thema: Totalitarismus

The Origins of Totalitarianism. New York: Harcourt Brace 1951; *The Burden of Our Time.* London: Secker&Warburg 1951; *Elemente und Ursprünge totaler Herrschaft.* Frankfurt/M.: Europäische Verlagsanstalt 1955.

»Dies hätte nicht geschehen dürfen« – der Satz aus dem Schlusskapitel bringt die Herausforderung zum Ausdruck, der sich das Buch stellt: dem Entsetzen gegenüber der Ermor-

Vgl. S. 39 f.

dung von Millionen Menschen – »minderwertiger Rassen« im Nationalsozialismus und »absterbender Klassen« im Stalinismus. Vor diesen Verbrechen versagen die herkömmlichen Kategorien, Normen und Werte. Traditionelle Begriffe wie Schuld, Verantwortung, Mord und Strafe vermögen nicht zu fassen, was geschehen ist: etwas, das »den Kontinuitätszusammenhang unserer Geschichte und [...] unseres politischen Denkens sprengt«. Diesen Bruch zu schreiben, sieht Hannah Arendt als ihre Aufgabe. Eine Aufgabe, die ihre eigene Form der Darstellung erst finden muss, weil die etablierten Formen dafür ungeeignet sind (alle Zitate EU, S. 704 f.).

Welche Form kann ein Buch annehmen, das den unerhörten Geschehnissen und Verbrechen des Totalitarismus nachdenkt? Arendts Studie besteht aus drei Teilen: »I. Antisemitismus«, »II. Imperialismus«, »III. Totale Herrschaft«. Den Zusammenhang der Abschnitte beschreibt die Autorin im Vorwort zur deutschen Ausgabe von 1955: »Das Buch handelt von den Ursprüngen und Elementen der totalen Herrschaft, wie wir sie als eine, wie ich glaube, neue ›Staatsform‹ im Dritten Reich und in dem bolschewistischen Regime kennengelernt haben. Die Ursprünge liegen in dem Niedergang und Zerfall des Nationalstaates und dem anarchischen Aufstieg der modernen Massengesellschaft; die Elemente, die in diesem Zerfallsprozeß frei werden, sind ihrerseits in den ersten beiden Teilen in ihre historischen Ursprünge zurückverfolgt und in dem dritten Teil in ihrer totalitären Kristallisationsform analysiert« (EU, S. 13 f.).

Frei gewordene Elemente, historische Ursprünge, neue Kristallisationsformen – Hannah Arendt schreibt das Grundlagenwerk über Totalitarismus, ohne diesen Begriff im eigentlichen Sinne zu prägen. Sie will »das wesentlich Neue« der totalitären Staatsform erfassen (EU, S. 705). Hierfür konstelliert sie Bruchstücke, Verdichtungen, Einsichten. Gegenüber der Festlegung auf einen vermeintlich eindeutigen Begriff bleibt sie skeptisch, zumal »Totalitarismus« Anfang der 1950er Jahre im Kontext des Kalten Krieges zu einem politischen Kampfbegriff wurde. Die Suchbewegung ihres Buches spiegelt sich in der Suche nach einem geeigneten Titel wider. *The Burden of*

Our Time (1951) heißt die englische Ausgabe, die den Akzent auf die politisch-moralische und denkerische Last der Ereignisse legt. Die amerikanische Version *The Origins of Totalitarianism* (1951) suggeriert fälschlicherweise, man könne etwas über die kausalen Ursachen des Totalitarismus erfahren. Sachlicher und präziser erscheint der deutsche Titel: *Elemente und Ursprünge totaler Herrschaft* (1955). In ihrem *Denktagebuch* erweiterte Arendt die Liste möglicher Titel um Alternativen wie »Die drei Säulen der Hölle« oder »Pfade des Unrechts« (DTB, S. 72).

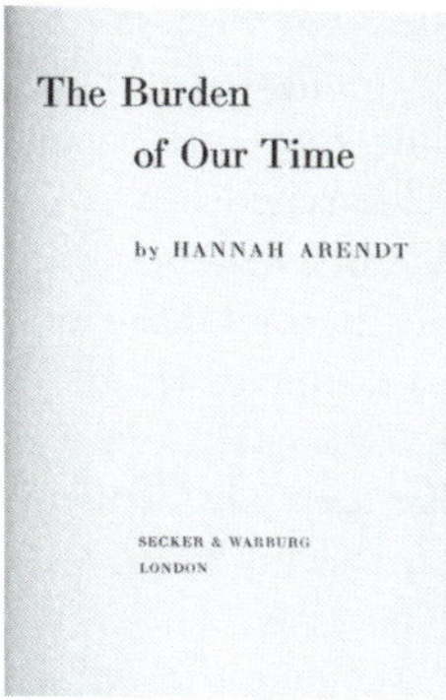
The Burden
of Our Time

by HANNAH ARENDT

SECKER & WARBURG
LONDON

Die englische Ausgabe von Arendts Totalitarismus-Buch

Das Recht, Rechte zu haben

Arendts Buch skizziert eine Katastrophengeschichte des 20. Jahrhunderts: den Aufstieg der totalen Herrschaft aus dem Niedergang des Politischen. Die neueste und traurigste Erscheinung, die sie dabei als Begleiterscheinung der europäischen Bürgerkriege, zerberstender Nationalstaaten und zugleich am Vorabend der Nürnberger Rassegesetze sowie Sta-lins Umsiedlungspolitik ausmacht, sind die entrechteten Flüchtlinge und Staatenlosen: Menschen, denen man die Staatsbürgerschaft entzogen hatte, die deportiert, verschleppt und interniert worden waren. An ihnen zeigte sich, dass die unveräußerlichen Menschenrechte nur da gesichert sind, wo ein Rechtsstaat sie schützt. Die Staatenlosen, die Insassen der Internierungs- und die Überlebenden der Konzentrations- und Vernichtungslager hatten erfahren müssen, dass in der »abstrakten Nacktheit ihres Nichts-als-Menschseins« die größte Gefahr liegt (EU, 469 f.) Denn das abstrakte, weltlose, entindividualisierte Menschenwesen gilt als vogelfrei und kann straffrei gemordet werden. Der entscheidende Punkt ist laut Arendt nicht, dass dem Staatenlosen seine allgemeinen Menschenrechte – wie sein Recht auf Leben, Glück oder Meinungsäußerung – entzogen werden, sondern: »Der Verlust der Menschenrechte findet statt, wenn der Mensch den Standort in der Welt verliert, durch den allein er überhaupt Rechte

Vgl. S. 133

haben kann und der die Bedingung dafür bildet, dass seine Meinungen Gewicht haben und seine Handlungen von Belang sind« (EU, S. 460). Die aus dem Staatsverband Ausgeschlossenen können keine Instanz mehr anrufen, um ihre Menschenrechte einzufordern. Was Arendt hier am Beispiel der Staatenlosen – im Zeichen des Verlustes – vor Augen führt, ist das politisch unverzichtbare, existenzielle »Recht, Rechte zu haben« (EU, S. 461 f.).

Überflüssig-werden von Menschen

Ein zentrales Element, das nach Arendt den Kristallisationsprozess zur neuen Staatsform des Totalitarismus erhellt, ist das Phänomen der Massen. Die ungezählten Menschen, die im Untergang der Klassengesellschaft, in Kriegen, Wirtschaftskrisen und Migrationen freigesetzt wurden, haben keinerlei Verankerung mehr in sozialen oder politischen Strukturen. Sie sind zu »vermassten Individuen« geworden, die ihre Erfahrungsfähigkeit und somit ihren Bezug zu einer gemeinsamen Welt verloren haben. Doch sie haben ein enormes politisches Gewicht, wie Arendt feststellt: »Totalitäre Bewegungen sind Massenbewegungen« (EU, S. 499) – geboren aus einem Klima des Zerfalls von Autorität, Religion, Tradition, genährt von einer Weltanschauung, die eine schlüssige zukünftige Entwicklung verspricht und getrieben von der Idee permanenter Umwälzung. Totalitäre Machthaber experimentieren »mit oder vielmehr gegen die Wirklichkeit«, sie benutzen ihr Land als Laboratorium für die Weltherrschaft (EU, S. 614).

Politisch gesehen bevölkern den totalitären Staat »lebende Leichname«, die ihrer ursprünglichen Fähigkeit beraubt worden sind, spontan und frei gemeinsam zu handeln. Denn die totalitäre Bewegung verfolgt das Ziel, einen bestimmten Menschentyp zu formen: Es beginnt mit der »Tötung der juristischen Person«, zum Beispiel wenn Staatenlose außerhalb des geltenden Rechts gestellt werden. Es folgt die »Ermordung der moralischen Person«, die eintritt, wenn jemand nur noch die Wahl hat, seine Freunde oder Unbekannte zu verraten oder sich in den Selbstmord zu fliehen – dann besteht die Alternative »nicht mehr zwischen Gut und Böse, sondern zwischen Mord und Mord«. Mit der »Tötung der Individualität« will der totale Staat schließlich seinen »idealen Bürger« als vollkommen berechenbares »Reaktionsbündel« verwirklichen – Menschen sind dann keine einmaligen Einzelwesen mehr, sondern beliebig verfügbares Material. Die letzte Station dieser Zurichtung ist das Lager. Hier wird das »Überflüssigwerden von Menschen« erprobt, hier haben weder Handlungen noch Regungen einen Sinn, hier tritt das »radikal Böse« der totalen Herrschaft in Erscheinung. Das Unmögliche ist möglich geworden, etwas, was Menschen weder bestrafen noch vergeben können: »Was soll man mit dem Begriff des Mordens anfangen, wenn man mit der Fabrikation von Leichen konfrontiert ist?« (EU, S. 679; alle übrigen Zitate EU, S. 686 ff.).

> »Begreifen bedeutet freilich nicht, [...] das Beispiellose mit Beispielen zu vergleichen oder Erscheinungen mit Hilfe von Analogien und Verallgemeinerungen zu erklären [...]. Es bedeutet vielmehr, die Last, die uns durch die Ereignisse auferlegt wurde, zu untersuchen und bewußt zu tragen und dabei weder ihre Existenz zu leugnen, noch demütig sich ihrem Gewicht zu beugen, als habe alles, was einmal geschehen ist, nur so und nicht anders geschehen können. Kurz: Begreifen bedeutet, sich aufmerksam und unvoreingenommen der Wirklichkeit, was immer sie ist oder war, zu stellen und entgegenzustellen.« (Hannah Arendt, *Elemente und Ursprünge totaler Herrschaft*; EU, S. 22)

Ideologie und Terror

Das »wahre Wesen« der totalitären Herrschaft offenbart sich für Arendt im Terror (EU, S. 710). Der Terror zerstört die Beziehungen zwischen den Menschen. Er tilgt den Raum, in dem die Freiheit politischen Handelns möglich wird. Er isoliert und atomisiert die Mitglieder einer Gesellschaft in der Erfahrung der Verlassenheit. An die Stelle der Gesetze legt der Terror sein »eisernes Band«, das die Menschen so organisiert, »als gäbe es sie gar nicht im Plural, sondern nur im Singular« – »und es ist, als seien alle zusammengeschmolzen in ein einziges Wesen von gigantischen Ausmaßen« (EU, S. 713 f.). Komplementär zum Terror sichere der totale Staat seine Herrschaft mit dem Instrument der Ideologie, die unabhängig von

Erfahrung mache und stattdessen einer bestimmten Logik folge: Alles wird folgerichtig aus einem einzigen Prinzip kausal abgeleitet. Ideologie sagt, was sein soll, und nicht, was ist. Sie suggeriert Sinn durch Stimmigkeit. Hierin liege ihre Verführungskraft – und zugleich ihre Unverbindlichkeit. Denn nichts sei leichter, als »ideologisch geschulte Menschen zu einem Wechsel der Ideologie zu bewegen«, denn sie vollzögen schlicht »mit ganz gleich welchem Inhalt wiederum die logische Operation des Deduzierens aus einer Prämisse« (EU, S. 721).

Arendt nennt zwei Prinzipien, die dem Zwang von Ideologie und Terror entgegenwirken können: Das erste Prinzip ist der »Schock des rein Tatsächlichen«, das Wirkliche, das eben nicht beliebig manipulierbar und nicht vollkommen beherrschbar ist; von hier geht die Bedrohung totalitärer Regimes durch offen ausgesprochene Tatsachen aus (EU, S. 724). Das zweite Gegenprinzip besteht in der menschlichen Spontaneität, das heißt in der Fähigkeit, einen Anfang zu setzen. Dieses Vermögen sei allen Menschen gegeben. Es stelle eine Kontinuität dar, die nicht unterbrochen werden kann, »denn sie ist garantiert durch die Geburt eines jeden Menschen« (EU, S. 730).

Elemente und Ursprünge totaler Herrschaft ist in dem Bewusstsein geschrieben, dass selbst totalitäre Regierungen nur deshalb existieren konnten, weil viele sie unterstützten, weil sie »von Massen getragen« waren (EU, S. 473). Weil es also Menschen gab, die handelten und mithandelten. In diesem Gedanken liegt der politische Zugriff des Buches. Arendt leitet das Phänomen des Totalitarismus nicht aus ideengeschichtlichen oder ökonomischen Zusammenhängen ab. Sie fragt nach dessen Entstehungsbedingungen, sofern sie in der Öffentlichkeit, der eigentlichen politischen Sphäre, sichtbar wurden: in Gestalt öffentlicher Äußerungen und Handlungen von Menschen.

Antisemitismus Eine zentrale Bedeutung hat dabei der Antisemitismus; jedoch nicht in der allgemeinen Form des jahrhundertealten Judenhasses. Der Antisemitismus konnte nur deshalb politische Bedeutung erlangen, weil er sich im Europa des 19. Jahrhunderts mit anderen entscheidenden Konfliktstoffen der Zeit überlagerte. So zum Beispiel im Preußen des späten 19. Jahrhunderts, als antisemitische Parteien zugleich dem Nationalstaat den Kampf ansagten, indem sie sich über die etablierten Parteien erhoben und direkt die Macht über den Staatsapparat anstrebten. Oder etwa in der französischen Dreyfus-Affäre um 1900, wo in einem Bündnis aus Mob und Elite die Deklassierten der Gesellschaft brutale antisemitische Ausbrüche von Hass, Einschüchterung und Gewalt entfesselten und dafür von den Respektablen der guten Gesellschaft beklatscht wurden.

Imperialismus

Der Imperialismus spielt nach Arendts Auffassung als weiteres Element in der Vorgeschichte des Totalitarismus eine zentrale Rolle. Die dominante politische Idee jener Zeit, die »Expansion um der Expansion willen« ging einher mit dem Verfall der Nationalstaaten. Deren Einheit von Territorium, Volk und Staat stand der Gründung weltumspannender Imperien im Weg. Die Vorstellung, die ganze Welt vollkommen zu beherrschen, kennzeichnet auch den Anspruch des Totalitarismus: »Totale Herrschaft ist die einzige Staatsform, mit der es keine Koexistenz geben kann« (EU, S. 479). Ein Element, das sich etwa bei den europäischen Panbewegungen wiederfindet, deren staatsfeindliche Appelle an blut- oder rassebasiertes Stammesbewusstsein das »neue völkische Fühlen« vorbereiteten (EU, S. 364).

Mehrere Adressaten

Hannah Arendts Totalitarismus-Buch richtet sich an unterschiedliche Adressaten – dies macht ein Vergleich der verschiedenen Ausgaben deutlich. Mit Ausnahme einiger Abschnitte, die in deutschen Zeitschriften vorveröffentlicht worden waren, war das Buch ursprünglich auf Englisch verfasst worden. Arendt hat es dann eigenhändig ins Deutsche übertragen und dabei ganze Passagen neu geschrieben. Nur in der deutschen Ausgabe wird ausführlich darüber reflektiert, dass es die »Aufgabe der historisch-politischen Wissenschaften« sei, das »spezifisch Unerhörte« des Totalitarismus zu erfassen und es nicht »durch beliebige Parallelen mit der Vergangenheit wegzuerklären« (EU, S. 705). Eine Besonderheit der deutschen Ausgabe ist etwa der Verweis auf Edmund Burkes poli-

»Manchmal frage ich mich, was wohl schwieriger ist, den Deutschen einen Sinn für Politik oder den Amerikanern einen leichten Dunst auch nur von Philosophie beizubringen.« (Hannah Arendt in einem Brief an Karl Jaspers, 28. Januar 1949; AJA, S. 165)

tisches Denken, der das Handeln in Bezug auf andere und mit ihnen zusammen als »to act in concert« versteht (EU, S. 713). Arendt erinnert ihre Leser im postnationalsozialistischen Deutschland mit dem englischen Originalzitat an diese Tradition republikanischen Denkens, während die angelsächsischen Leser diese Lektion nicht benötigen. Ihnen präsentiert Arendt stattdessen die Gedanken von Philosophen wie Cato, Hegel oder Nietzsche, auf die in der deutschen Ausgabe verzichtet wird. So sucht das Buch (bzw. die Bücher) nach spezifischen Gegenübern, die auf je eigene Weise dazu angehalten werden, angesichts des Traditionsbruchs von Totalitarismus und Shoah »gleichsam ohne Geländer zu denken« (EU, S. 35).

Was ist Politik? – Pläne, Fragmente und Bücher

Zugehörige Buchausgaben: *Fragwürdige Traditionsbestände im politischen Denken der Gegenwart*. Frankfurt/M.: Europäische Verlagsanstalt 1957; *Between Past and Future*. New York: Viking 1961/1968 (dt. *Zwischen Vergangenheit und Zukunft*. Hg. v. Ursula Ludz, München: Piper Verlag 1994); *Was ist Politik?*. Hg. v. Ursula Ludz, München: Piper Verlag 1993.

»Gibt es ein Denken, das nicht tyrannisch ist?«

Mit dem Erscheinen der *Origins of Totalitarianism* hatte Hannah Arendt ihr Nachdenken über den Totalitarismus keineswegs abgeschlossen. 1952 beantragte sie eine Förderung bei der Guggenheim Foundation. Arendt wollte ein Buch über »Totalitäre Elemente des Marxismus« schreiben, um darin die geschichtlichen und theoretischen Hintergründe des Bolschewismus, die sie in *Elemente und Ursprünge* nur am Rande behandeln konnte, genauer zu untersuchen. Hunderte Seiten hinterlassener Notizen, Exzerpte, Typoskripte dokumentieren, wie intensiv sie die Arbeiten vorantrieb. »Alles, was Hannah Arendt zwischen 1952 und 1956 schrieb«, berichtet Elisabeth Young-Bruehl, »war ursprünglich für das Marxismus-Buch bestimmt« (EYB, S. 388).

Dieses Vorhaben weitete sich jedoch bald zu einer Beschäftigung mit der gesamten abendländischen Tradition politischer Philosophie aus. Spuren dieser Auseinandersetzung prägen Arendts Publikationen der folgenden Jahre: *The Human Condition* (1958; dt. 1960: *Vita Activa oder Vom tätigen Leben*), *Between Past and Future* (1961), *On Revolution* (1963; dt. 1965: *Über die Revolution*). Der Titel eines Essaybandes, der 1957 auf Deutsch erschien, bringt ihre grundlegende Intention zum Ausdruck: *Fragwürdige Traditionsbestände im politischen Denken der Gegenwart.* Angesichts des im Totalitarismus offenbar gewordenen Bruchs der Traditionen fragt Arendt danach, was Politik heute möglich und notwendig macht: Kann das Politische tatsächlich philosophisch verankert werden? Wie lässt sich das Politische denken, ohne mit der Kraft der abendländischen Logik die Freiheit auszuschließen? »Die Frage ist«, notiert Arendt im *Denktagebuch:* »Gibt es ein Denken, das nicht tyrannisch ist?« (DTB, S. 45).

Arendt unternimmt eine fundamentale Revision der Kategorien politisch-philosophischen Denkens, indem sie »Übungen« zu politischen Begriffen formuliert: Was ist Freiheit? Was ist Autorität? (ZVZ, S. 159 ff.) Im Laufe der 1950er Jahre entwirft sie Projekte, die sie jedoch in der Anfangsphase wieder

»Ich bin der Meinung, daß die Rückführung aller menschlichen Tätigkeiten auf das Arbeiten und Herstellen und die Reduzierung aller politischen Verhältnisse auf das Herrschaftsverhältnis nicht nur historisch nicht zu rechtfertigen sind, sondern in verhängnisvoller Weise den Raum des Öffentlichen und die Möglichkeiten des Menschen als eines für Politik begabten Wesens verkrüppelt und pervertiert haben. In der Form von Essays ist eine solche Kritik natürlich nicht zu leisten, schon weil sie im bloß Kritischen steckenbleibt. Aber gerade für das Vorläufige solcher Versuche scheint die Essayform wiederum besonders geeignet.« (Hannah Arendt, Vorbemerkung zur Essaysammlung *Fragwürdige Traditionsbestände im politischen Denken der Gegenwart* 1957; zit. n. ZVZ, S. 380) abbricht. Ein solches Vorhaben trug den Titel *Amor Mundi* – die Liebe zur Welt. In einem Brief an Jaspers beschrieb Arendt den Kerngedanken dieses geplanten »Buches über politische Theorien«: Die Liebe zur Welt sollte deutlich werden als politisches Vermögen, in Gemeinsamkeit zu gründen, was das einzelne Leben überdauert (AJA, S. 301).

»Der Sinn von Politik ist Freiheit«

Um Arendts Denkwege zu verstehen, sind die abgebrochenen Pfade ebenso aussagekräftig wie diejenigen, die zu Büchern fortschritten. So zum Beispiel das 1955 mit dem Piper Verlag vereinbarte Projekt »Einführung in die Politik«, das nie zum Abschluss kam. Die umfangreichen Fragmente dieses Vorhabens hat Ursula Ludz 1993 aus dem Nachlass herausgegeben. »Hat Politik überhaupt noch einen Sinn?«, fragt Arendt einleitend vor dem Hintergrund der Unheilserfahrungen des Totalitarismus und der Vernichtungspotentiale im Zeitalter der Atombombe. Ihre verblüffende Antwort lautet: »Der Sinn von Politik ist Freiheit« (WIP, S. 28). Arendt vertritt ein positives Verständnis von Politik. Sie identifiziert Politik nicht – wie in der Tradition politischen Denkens üblich – mit Herrschaft. Stattdessen hebt sie ihr freiheitliches Potential hervor, das nach Arendts Überzeugung aus spontanem Handeln und Zusammenhandeln entsteht. Diese Freiheit trete mit der menschlichen Fähigkeit in Erscheinung, immer wieder aufs Neue zu beginnen. Ein Vermögen des Anfangens, das jeder Mensch durch das Faktum seiner Geburt selbst verkörpere.

In den unterschiedlichen Ansätzen, Projekten, Formen, mit denen Hannah Arendt das Politische neu durchdenkt, ist der entscheidende Aspekt ihre Einsicht, dass »*Menschen* und nicht *der* Mensch die Erde bewohnen« (DTB, S. 297). Arendt beschäftigen nicht Kants klassische Fragen der spekulativen und praktischen Vernunft: Was kann ich wissen, was soll ich tun, was darf ich hoffen? Im Zentrum ihres Interesses steht nicht das Sein und Handeln des einzelnen Menschen. Ihr philosophisches Nachdenken über Politik geht von der Tatsache aus, dass Menschen »im Plural« existieren (ebd.). Somit konzentriert sie sich auf das Zusammensein und Zusammenhandeln der Menschen unter den Grundbedingungen ihrer Existenz.

Vita Activa oder Vom tätigen Leben

The Human Condition. Chicago: University of Chicago Press 1958; *Vita Activa oder Vom tätigen Leben.* München: Piper Verlag 1960.

Hannah Arendt hat in *Elemente und Ursprünge* dargelegt, wie der Totalitarismus die Beziehungen zwischen den Menschen zerstört und damit die Voraussetzungen tilgt, von denen Politik – das heißt nach Arendt gemeinsames Handeln – lebt: Bewegungsfreiheit, Spontaneität, Unberechenbarkeit. Arendt sieht das Zusammenleben der Menschen durch weitere Erscheinungen der Moderne bedroht: Automation, Kernspaltung, Mondflug, Genforschung. Wie sind unter diesen Bedingungen menschliche Beziehungen vorstellbar, die Verbindlichkeit haben? Gibt es überhaupt noch eine gemeinsame Welt? Und welche Möglichkeiten bestehen für politisches Handeln, dessen Sinn für Arendt die Freiheit ist?

Vgl. S. 45 f.

Umschlag der deutschen Erstausgabe, 1960

Arendts Ausgangspunkt in *Vita Activa oder Vom tätigen Leben* ist die Besinnung auf die philosophische Frage: »Was tun wir eigentlich, wenn wir tätig sind?« (VA, S. 12) Damit tritt sie zunächst der Tradition entgegen: Meistens widmet sich die Philosophie der *Vita Contemplativa*, der freien theoretischen Reflexion, und schenkt der *Vita Activa*, den praktischen Tätigkeiten, nur geringe Beachtung. Um über die Möglichkeiten des Politischen neu nachdenken zu können, verlagert Arendt den Fokus und entwirft eine Phänomenologie der praktischen Tätigkeiten. Sie unterscheidet drei Formen: Arbeiten, Herstellen, Handeln. Das Handeln rangiert an oberster Stelle, es ist dem Bereich der Freiheit, der Politik, der Möglichkeit zum Besonderen zugeordnet. Arbeiten und Herstellen zählen für Arendt zum Bereich der Notwendigkeit, der Mühe und Plage. Handeln findet mit anderen und in der Öffentlichkeit statt, Arbeiten und Herstellen dagegen im verborgenen, menschenarmen Raum privater Haushalte bzw. in der grenzenlosen Verlassenheit moderner Massengesellschaften. In diesen Gesellschaften schaffen nicht Einzelne durch vortreffliche Handlungen eine gemeinsame Welt, sondern Jobholders, die unter konformistischem Verhaltensdruck stehen, verfolgen ihre Selbstinteressen. »Weltentfremdung und nicht Selbstentfremdung«, so Arendt, »ist das Kennzeichen der Neuzeit« (VA, S. 249).

Arbeiten und Herstellen

Arbeiten ist laut Arendt die Tätigkeit, die an die Grundbedingung des Lebens selbst geknüpft ist: Mit der Kraft des menschlichen Körpers werden Dinge produziert, die den Lebensprozess aufrechterhalten. In beständiger Wiederholung wird ein quasi-natürlicher Kreislauf von Erzeugen und Konsumieren vollzogen. Das Animal laborans ist ein Sklave seiner »Notdurft des Körpers« (VA, S. 78). Es nutzt Geräte zur Erleichterung seiner Arbeitslasten. Im Extremstadium der Automation folgt der Rhythmus seiner körperlichen Tätigkeit dem zwangsläufigen Ablauf der Maschinen. Die Hoffnung, Freizeit werde den Menschen von dieser Notwendigkeit automatisch für höhere Tätigkeiten befreien, hält Arendt »hundert Jahre nach Marx« für einen Trugschluss: »die überschüssige Zeit des Animal laborans wird niemals für etwas anderes verbraucht als Konsumieren« (VA, S. 120).

Im Unterschied dazu betrachtet sie das Herstellen als produktive Tätigkeit, die neue Gegenstände in die Welt bringt: Ein Stuhl, ein Haus, ein Buch geben die objektive Gegenständlichkeit der Welt zu erkennen, ihre Dauerhaftigkeit und Beständigkeit, die den Menschen ein Zuhause gibt. Der Homo faber, der diese Werkstücke herstellt, muss das notwendige Material – zum Beispiel Holz für einen Stuhl – der Natur gewaltsam entreißen. Er fertigt und vervielfältigt die Gegenstände nach einem idealen Vorbild. Im Unterschied zur zyklischen Form des Arbeitens hat diese Tätigkeit Anfang und Ende – zum Beispiel den hergestellten Stuhl. Der Homo faber ist in seinem Tun nicht der Notwendigkeit des Lebens unterworfen wie der Arbeitende und auch nicht an andere Menschen gebunden wie der Handelnde. Er ist »Herr und Meister [...] seines eigenen Tuns und Lassens«; er kann die Werkstücke, die er hervorgebracht hat, wieder zerstören, sofern sie seiner Idealvorstellung nicht entsprechen (VA, S. 131). Er ist seinen Geräten nicht Untertan, sondern er nutzt sie als Mittel, um einen bestimmten Zweck zu verfolgen. Die Zweckdienlichkeit bildet den universellen Maßstab für die Tätigkeit des Herstellens.

Eine Sonderstellung nimmt die Kunst ein. Sie besitzt keinen Nutzwert, gehört aber dennoch zu den hergestellten Dingen, die die Beständigkeit der Welt garantieren. Bücher, Bilder, Skulpturen bewahren keinen Zweck, wie etwa der Stuhl als Mittel des Sitzens, sondern im »Währen des Kunstwerks [wird] das weltlich Dauerhafte transparent« (VA, S. 155). Insbesondere die politischen Tätigkeiten der Menschen werden durch die Kunst des Darstellens und Erzählens der Dichter, Schriftsteller und Geschichtsschreiber bewahrt, so dass sie erinnert werden können.

Handeln und Sprechen

Die höchste menschliche Tätigkeit der Vita activa sieht Hannah Arendt im Handeln und Sprechen: »Handelnd und sprechend offenbaren die Menschen jeweils, wer sie sind« (VA, S. 163). Grundbedingung sei die Pluralität: die Gleichheit und Verschiedenheit der Menschen. Denn ohne Gleichartigkeit gäbe es keine Verständigung, und ohne die Verschiedenheit würde es keiner Verständigung bedürfen (VA, S. 164). Handeln und Sprechen schafft keine weltlichen Gegenstände wie das Herstellen, sondern stiftet die Beziehungen zwischen den Menschen. Und damit die gemeinsame Welt, die »überhaupt nur in der Vielfalt ihrer Perspektiven [existiert]« (VA, S. 57). In diesem räumlichen »Zwischen« siedelt Arendt ihr Verständnis von Politik an.

> »Handeln als Neuanfangen entspricht der Geburt des Jemand, es realisiert in jedem Einzelnen die Tatsache des Geborenseins; Sprechen wiederum entspricht der in dieser Geburt vorgegebenen absoluten Verschiedenheit, es realisiert die spezifisch menschliche Pluralität, die darin besteht, daß Wesen von einzigartiger Verschiedenheit sich von Anfang bis Ende immer in einer Umgebung von ihresgleichen befinden.« (Hannah Arendt, *Vita Activa*; VA, S. 167)

Natalität

Jeder Mensch ist ein Anfang, dem das Vermögen zur Initiative gegeben ist, Neues in Bewegung zu setzen. Arendt prägt hierfür den Begriff der Natalität: »Damit ein Anfang sei, wurde der Mensch geschaffen, vor dem es niemand gab«, zitiert sie Augustinus' *De Civitate Dei* (VA, S. 166). So unvorhersehbar wie das, was ein Mensch durch seine Geburt in die Welt bringt, ist auch das Handeln. Sprechend und handelnd schlägt jeder Mensch seinen Faden in das »Bezugsgewebe menschlicher Angelegenheiten«, er verändert es und reagiert seinerseits auf das, womit er in Berührung gerät. Der Sinn dieses Vorgangs ist erst nach seiner Vollendung als Geschichte erzählbar. Wie die Geschichte insgesamt ist diese nicht von fremder, unsichtbarer Hand gelenkt – wie Philosophien von Hegel über Adam Smith bis Marx annehmen –, sondern es ist eine Geschichte ohne Autor: »Jemand hat sie begonnen, hat sie handelnd dargestellt und erlitten, aber niemand hat sie ersonnen« (VA, S. 175). Die Folgen des Handelns sind unabsehbar und unwiderruflich. Um mit beidem umgehen zu können, erinnert Arendt an die menschlichen Fähigkeiten des Verzeihens und Versprechens.

Das Versprechen hat bereits einen festen Platz in der Tradition politischen Denkens, unter anderem in den Vertragstheorien seit Hobbes, Locke oder Rousseau: Versprechen birgt die Möglichkeit, dem Unvorhersehbaren zukünftigen Handelns etwas entgegenzusetzen, indem es eine gewisse Verlässlichkeit im Umgang mit anderen Menschen schafft. Das Verzeihen wiederum bietet einen Ausweg aus der Unabänderlichkeit des Getanen, da der Handelnde nicht für immer in den Folgen seiner Tat gefangen bleibt, sondern wieder die Freiheit erhält, neu zu beginnen.

Polis und Politik

Mit Aristoteles ist Arendt der Auffassung, dass ein sinnvolles Zusammenleben der Menschen nur durch Teilnehmen und Mitteilen möglich ist. Politisches Handeln benötigt die Gegenwart anderer, eine Mitwelt. Die Menschen sind Zuschauer und Mithandelnde zugleich. Ihre tätig hervorgebrachten Geschichten existieren nur, insofern sie gesehen, gehört und erinnert werden. Der Ort, an dem diese zerbrechliche Form des menschlichen Aufeinanderbezogenseins ihren Ursprung hat, ist der öffentliche Raum der griechischen Polis, in dem die Vollbürger eines Stadtstaates als Freie und Gleiche – unabhängig von wirtschaftlichen und privaten Verpflichtungen, aber auch unter Ausschluss von Frauen und Sklaven – die allgemeinen Angelegenheiten erörterten.

Arendts Besinnung auf die Polis wird häufig als antimodernistische Entgleisung einer ansonsten hoch differenzierten Denkerin oder als vergangenheitsversunkenes Gedankenspiel einer im Grunde gegenwärtigen Autorin betrachtet. Für Arendt war die Polis aber kein Modell, zu dem man zurückkehren sollte. Ihr Blick ist eher systematisch als historisch ausgerichtet: Sie betrachtet die Polis als Organisationsstruktur des Zusammenlebens, die den politischen Tätigkeiten des Sprechens und Handelns einen »Erscheinungsraum« eröffnet. Damit setzt Arendt dem herrschenden Verständnis das Experiment entgegen, Politik »anders zu denken«.

Hierfür begibt sie sich an den Ausgangspunkt des politischen Denkens zurück. Die entscheidende Überlegung für dessen Tradition und theoretisches Selbstverständnis habe Platon formuliert. Auf ihn gehe die Auflösung des Handelns in Befehlen und Gehorchen zurück, auf deren Grundlage man bis heute Politik als stabile Ordnung des Herrschens und Beherrschtwerdens verstehe. Platon habe Kategorien des Herstellens aus seiner Ideenlehre in den Bereich des Politischen übertragen. Das habe dazu geführt, dass das Zweck-Mittel-Denken zum selbstverständlichen Bestandteil politischer Theorie wurde. Politik wird in diesem Sinne als Instrument zur Herstellung eines angestrebten Ergebnisses begriffen; dazu gehört auch die Gewalt, die jedem Herstellungsprozess innewohnt. »Vielleicht hat keine Generation vor uns so reichlich Gelegenheit gehabt, sich von den mörderischen Konsequenzen dieser Vorstellung zu überzeugen«, bemerkt Arendt lakonisch zu den jüngstvergangenen Erscheinungen jener Tradition, die sie ablehnt und stattdessen – handlungstheoretisch basiert – eine neue Auffassung des Politischen entwickelt (VA, S. 223).

Kommunikatives Machtverständnis

Arendts alternatives Politikverständnis kristallisiert sich in ihren Überlegungen zur Macht. Der herrschenden, instrumentellen und potentiell gewaltsamen Auffassung von Macht als »jede Chance, innerhalb einer sozialen Beziehung den eigenen Willen auch gegen Widerstreben durchzusetzen« (Max Weber), setzt sie ein kommunikatives Machtverständnis entgegen: Macht entsteht zwischen den Menschen. Sie kann von niemandem besessen werden. Sie erscheint, wenn Menschen sich zusammenschließen und einvernehmlich handeln, und sie verschwindet wieder, sobald diese Menschen sich zerstreuen. Macht ist ein Potential. Sie kann aktualisiert, aber nicht materialisiert werden. Hervorgehend aus der »lebendigen Tat« und dem »gesprochenen Wort« verfolgt sie keinen Zweck, sondern sie ist Selbstzweck; ihre Bedeutung erschöpft sich »im Vollzug selbst« (VA, S. 201). Macht beruht auf der Pluralität der Menschen, sie benötigt andere und vergrößert sich durch Teilung, während etwa körperliche Stärke unteilbar ist. In Arendts Verständnis ist Gewalt der Gegenbegriff zu Macht. Gewalt kann Macht zwar zerstören, aber niemals selbst schaffende, schöpferische Züge annehmen. Macht steht im Bund mit der Natalität, dem menschlichen Vermögen des Anfangens, das im Faktum des Geborenseins begründet ist. Dagegen ist Gewalt mit Mortalität vereint. Sobald Gewaltmittel zur Anwendung kommen, ist Macht schon nicht mehr vorhanden; der Einsatz von Gewalt kann Machtverlust nicht aufhalten, vielmehr zeigt er diesen an. Diese »andere Tradition« und ihr »ganz anderes Vokabular«, das Politische zu denken, führt Arendt in späteren Schriften fort; am ausführlichsten in dem Essay »Macht und Gewalt«, den sie im Kontext von Vietnamkrieg und Studentenbewegung schrieb (engl. »On Violence«, 1970; dt. 1970, zit. n. MG, S. 41).

> »Der Extremfall von Macht ist gegeben in der Konstellation: Alle gegen einen, der Extremfall der Gewalt in der Konstellation: Einer gegen Alle. Und das letztere ist ohne Werkzeuge, d.h. ohne Gewalt*mittel* niemals möglich.« (Hannah Arendt, *Macht und Gewalt*, 1970; MG, S. 43)

Darstellungsmodus

Arendts politisches Denken unterscheidet sich von herrschenden Traditionen auch im Darstellungsmodus. In *Vita Activa* fallen besonders die vielen Gedichtpassagen auf, die Hannah Arendts politiktheoretisches Schreiben wie selbstverständlich durchziehen. Dies gilt vor allem für die deutsche Buchfassung. Wo es etwa im Englischen heißt, ohne die Hilfe der Dichter und Geschichtsschreiber würden die aus dem

Handeln und Sprechen der Menschen hervorgehenden Geschichten nicht überleben (»... would not survive at all«; HC, S. 173), erklingt im Deutschen – unausgewiesen – Brahms *Deutsches Requiem*: »die Geschlechter der Menschen [sind] wie Gras und alle Herrlichkeit der Erde wie des Grases Blüte« (VA, S. 162). Und mit Zitaten aus Gedichten von Goethe und Fontane tritt Arendts theoretisches Schreiben, wie Barbara Hahn herausgearbeitet hat, in eine Korrespondenz mit Martin Heidegger, deren heimliche Botschaft lautet: »Es hätte auch anders kommen können. Historisch, politisch und zwischen den Menschen« (Hahn 2005, S. 120).

»*Vita Activa* ist in einer Sprache geschrieben, die es nach 1945 in Deutschland nicht mehr einfach geben konnte. Ein Deutsch, in dieser Zeit angesiedelt, in jedem Wort, in jedem Satz des Traditionsbruches gewahr; nur das wird zitiert und weitergetragen, was keinen Schaden genommen hat.« (Barbara Hahn, *Hannah Arendt. Leidenschaften, Menschen und Bücher*; Hahn 2005, S. 107)

Erkennen und logisches Deduzieren sind die typischen intellektuellen Tätigkeiten der Wissenschaften. Sie bringen ein Resultat hervor, wie das Herstellen, oder sie bewegen sich in einem geschlossenen Kreislauf, wie das Arbeiten; im umfassenden Anspruch und den statistischen Methoden der Gesellschaftswissenschaften etwa, menschliche Angelegenheiten im Sinne eines Social Engineering zu kalkulieren, sieht Arendt ein Abbild der traditionellen Verwechslung von Politik mit einem berechenbaren Vorgang des Herstellens. Das Denken hingegen ist end- und ergebnislos; darin gleicht es dem Handeln und damit jener politischen Tätigkeit, die keinem notwendigen Prozess folgt, sondern aus dem Potential der Natalität die Freiheit realisiert, einen neuen Anfang zu setzen. »Den eigentlichen Gedanken*gang*«, heißt es in *Vita Activa*, »muß der Künstler, aber auch der schreibende Philosoph, unterbrechen, wenn er das Gedachte so verwandeln will, daß es sich einer schriftlich-verdinglichenden Darstellung eignet« (VA, S. 158). Ein schöpferischer Aufbruch, den Arendt schreibend reflektiert und aktualisiert, indem sie ihrem theoretischen Schreiben dichterische Passagen als gleichursprüngliche Quellen des Wissens um die Darstellung denkerischer Erfahrungen einwebt – ein Verfahren, das zugleich Ausdruck ihrer Suche nach Traditionen eines nicht tyrannischen Denkens ist.

Vom verlorenen Schatz der Revolutionen: die Gründung der Freiheit

Hierzu: *Die Ungarische Revolution und der totalitäre Imperialismus.* München: Piper Verlag 1958; *On Revolution.* New York: Viking 1963; *Über die Revolution.* München: Piper Verlag 1965.

Ein Ereignis, das nachhaltig auf Hannah Arendts politisches

Ungarn 1956

Denken wirkte, war die Ungarische Revolution vom Herbst 1956. Während des politischen Tauwetters nach Stalins Tod waren die Ungarn gegen die kommunistische Regierung des sowjetischen Satellitenstaats auf die Straße gegangen. Der Reformpolitiker Imre Nagy wurde zum neuen Ministerpräsidenten ausgerufen. Doch nur zehn Tage später schlugen sowjetische Truppen den Aufstand gewaltsam nieder. Arendt sah die Volkserhebung in Ungarn als Beleg dafür an, dass totalitäre Herrschaft durch die Macht des Zusammenhandelns der Menschen aufgebrochen werden kann. Sie war begeistert von der »spontanen Revolution«, die keine Führer hatte und nicht zentral gelenkt war; vielmehr war es für sie der »plötzliche Aufstand eines ganzen Volkes für die Freiheit und nichts sonst« (UNG, S. 77). Einen langen Essay, den sie aus diesem Anlass schrieb, integrierte sie 1958 in die zweite Auflage der *Origins of Totalitarianism*; die deutsche Buchfassung des Ungarn-Textes sollte »Der Erinnerung an Rosa Luxemburg« gewidmet sein, womit ihr Münchner Verlag jedoch nicht einverstanden war. Arendt wollte einen versunkenen Schatz ans Licht der Gegenwart heben: die Erfahrungen derer, »die in Freiheit handeln und für die Freiheit kämpfen« (UNG, S. 112). Sie war davon überzeugt, dass von konkreten Geschehnissen und Ereignissen mehr über Politik zu lernen sei als von irgendwelchen theoretischen Betrachtungen.

Vgl. S. 53

Um diesen Erfahrungsschatz zu heben, begibt sich Arendt in ihrem Buch *Über die Revolution* – bildlich gesprochen – auf

Eine Typoskriptseite aus dem Kapitel VI (»The Lost Treasure«) von *On Revolution* mit Arendts Korrekturen

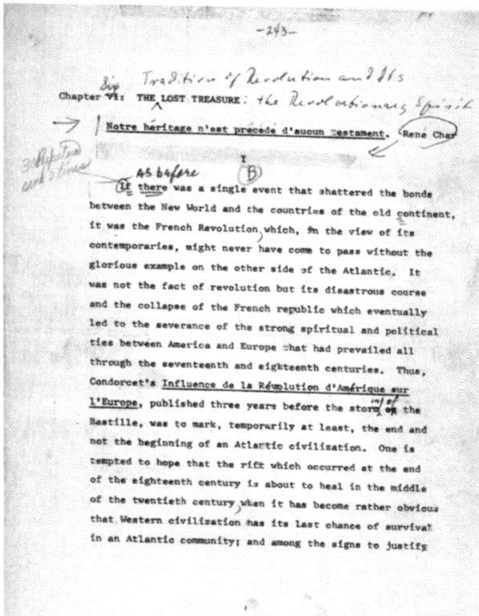

-243-

Chapter VI: THE LOST TREASURE

Notre héritage n'est précédé d'aucun testament. René Char

I

If there was a single event that shattered the bonds between the New World and the countries of the old continent, it was the French Revolution which, in the view of its contemporaries, might never have come to pass without the glorious example on the other side of the Atlantic. It was not the fact of revolution but its disastrous course and the collapse of the French republic which eventually led to the severance of the strong spiritual and political ties between America and Europe that had prevailed all through the seventeenth and eighteenth centuries. Thus, Condorcet's Influence de la Révolution d'Amérique sur l'Europe, published three years before the storm on the Bastille, was to mark, temporarily at least, the end and not the beginning of an Atlantic civilization. One is tempted to hope that the rift which occurred at the end of the eighteenth century is about to heal in the middle of the twentieth century when it has become rather obvious that Western civilization has its last chance of survival in an Atlantic community; and among the signs to justify

den Atlantik. Über diesen Ozean waren im 17. Jahrhundert die Pilgerväter gefahren, die noch während der Schiffspassage zwischen Europa und Amerika den sogenannten »Mayflower- Pakt« schlossen und so ihre neue politische Körperschaft auf das Vertrauen in die Macht gegenseitiger Versprechen gründeten; auf dieses Fundament war im 18. Jahrhundert – nach der Amerikanischen Revolution von 1776 – die neue Staatsverfassung der USA gebaut worden. Im 19. Jahrhundert durchquerte Alexis de Tocqueville, mit den Erfahrungen der Französischen Revolution im Rücken, den Raum zwischen Altem und Neuem Europa und schrieb *Über die Demokratie in Amerika* in dem Bewusstsein, dass eine neue Welt eine neue politische Theorie erfordere. Beides vor Augen, blickt Hannah Arendt im 20. Jahrhundert auf die Bruchstücke jener »gesamtatlantischen Zivilisation«, die in Gestalt der Revolution offenbart hatte, was sie wieder begrifflich verstehbar machen wollte: den Geist des Neubeginnens und die Gründung von Freiheit durch politisches Handeln (ÜR, S. 178).

Amerika 1776, Frankreich 1789

In Arendts Augen erreichten dies nur die amerikanischen Revolutionäre, während die Französische Revolution rasch in eine Terrorherrschaft mündete. In Amerika sei die Gewalt der Unabhängigkeitskriege nicht im Stadium der Befreiung stecken geblieben, weil nicht die bestehende Gesellschaft abgeschafft, sondern eine neue Staatsform etabliert werden sollte. In unzähligen Beratungen, Debatten und Beschlüssen der sogenannten »town hall meetings« sei die Gründung der Freiheit praktiziert worden. Im Zusammenhandeln und Zusammensprechen hätten die »gründenden Amerikaner« einen

Machtbegriff zutage gefördert, der dem absolutistischen Konzept der vertikalen Machtübertragung zwischen Herrscher und Beherrschten *in actu* einen horizontalen Gesellschaftsvertrag entgegensetzte: Dabei zeigte sich die weltbildende Fähigkeit der Menschen, Versprechen zu geben und zu halten, wie Arendt bereits in *Vita Activa* ausgeführt hatte. In Form von Republik und Föderalismus hätten die Gründerväter hierfür eine Ordnung gefunden, der weniger das Konzept der Gewaltentrennung als vielmehr Montesquieus Vorstellung zugrunde lag, dass »nur eine andere Macht imstande [ist], Macht zu begrenzen *und* in ihrer Mächtigkeit zu erhalten« (ÜR, S. 197). Arendt betrachtete die amerikanische Verfassung als ein Dokument, das frei von Formeln oder vorgefertigten Gedanken ist: »Die Amerikanische Revolution wurde auf Grund von Erfahrungen und nicht von Raisonnements gemacht« (ÜR, S. 229).

Freiheit und Soziale Frage

Nach Arendts Auffassung konnte diese revolutionäre Gründung von Freiheit in Amerika gelingen, weil dort nicht die soziale Frage im Wege stand. An ihr sei die Französische Revolution gescheitert: Dort habe das Diktat der Notwendigkeit – die Interessen der Armen und Elenden – rasch das Potential der Freiheit verdrängt und die »Leidenschaft des Mitleidens« den politischen Raum besetzt (ÜR, S. 95). Obwohl der Solidarität zum Verwechseln ähnlich, sei das Mitleid ein maßloses und potentiell gewalttätiges Gefühl. Der Terror des »Willens zum Guten« sei dem »Willen zum Bösen« gefährlich nahe. Arendt wandte sich in diesem Zusammenhang auch kritisch gegen Rousseaus Gedanken des Volonté générale, des »allgemeinen Willens«, der unfehlbar das Allgemeinwohl repräsentieren sollte – im Unterschied zum »Willen aller« als Summe der privaten Einzelinteressen. Mit Rousseau sei der »Einzelwille« zum Staatsfeind und seine Verletzung gleichsam zur »revolutionären Moral« geworden (ÜR, S. 100). Während die Erklärung der Menschenrechte in Amerika keine große Bedeutung gehabt hätte, weil die »Rechte der Engländer« nun einfach für alle Mitglieder des Rechtsstaates galten, sei die präpolitische Gleichstellung aller Bürger im gesellschaftlich ungleichen Frankreich der revolutionäre Kern gewesen. Doch habe in Frankreich die »Vergöttlichung der Nation« das Volk lediglich an die Stelle des souveränen Willens gesetzt, den bis dahin der absolute König innehatte – und somit den Gesetzgeber außerhalb des politischen Raums belassen.

Trotz ihrer Begeisterung für den freiheitlichen Gründungsakt der Republik beurteilt Arendt die Ergebnisse der Amerikanischen Revolution ambivalent. Die Frage, »was nun eigentlich der Endzweck des Staates ist: Freiheit oder Wohlstand«, sei beispielsweise nie endgültig entschieden worden (ÜR, S. 176). Das allgemeine Grundrecht auf »pursuit of happiness« – Ende des 18. Jahrhunderts selbstverständlich als Streben nach *öffentlichem* Glück verstanden – wäre schon bald als Recht auf private Wohlfahrt interpretiert worden, womit eine fundamentale Akzentverschiebung von Freiheit *für* Politik zu Freiheit *von* Politik einhergegangen sei. Scharf kritisiert Arendt daher, dass der Kern des revolutionären Gründungsaktes weder in der politischen Wirklichkeit noch in der politischen Theorie verankert wurde: »Dem Versagen des nachrevolutionären Denkens, der Unfähigkeit, den Geist der Revolution nachträglich begrifflich zu erfassen und zu artikulieren, war das Versagen der Revolution selbst vorangegangen, die für alles Institutionen gefunden hatte, nur nicht für den sich in ihr manifestierenden Geist« (ÜR, S. 298).

»Der Terror errichtet keine neuen Gemeinwesen, er läßt nur jenen ›Sturm der Revolution‹ los, in dem die Baumeister mitsamt ihren Plänen untergehen.« (Hannah Arendt, *Über die Revolution*; ÜR, S. 268)

Diese Kritik formuliert Arendt aus der Perspektive des 20. Jahrhunderts. Die Bedrohung und Verwahrlosung des Politischen – den mangelnden Sinn für Freiheit, Öffentlichkeit, Urteilskraft – führt sie nicht zuletzt darauf zurück, dass die prägenden Ereignisse der Geschichte nicht in der gesellschaftlichen Erinnerung präsent sind. Die USA seien nicht aus einer historisch notwendigen Entwicklung hervorgegangen, sondern aus einem bewussten Akt der Gründung von Freiheit. Die Erfahrung dieses politischen Moments, das ein Moment der Freiheit ist, will sie freilegen und wieder lebendig machen.

Rätesystem

Wer über »Tradition und Geist der Revolution« in geschichtlicher Perspektive schreibe, müsse vor allem die »seltsame und traurige Geschichte des Rätesystems« erzählen, so Arendt (ÜR, S. 327). Die Räte betrachtet sie als eine Form der Volksvertretung, in der sich Menschen spontan und lokal organisieren, unabhängig von Parteizugehörigkeit diskutieren und sachfragenorientiert konkrete politische Lösungen beraten. Arendt weist darauf hin, dass die Räte auch am Beginn der Französischen Revolution in Gestalt der Sektionen der Pariser Kommune sowie den zahlreichen Klubs und Volksgemeinschaften (sociétés populaires) in Erscheinung getreten waren, bevor sie von Robespierre und der Nationalversammlung zugunsten der zentralisierten revolutionären Regierung zerschlagen wurden. Auch die Amerikanische Revolution habe die Idee eines Rätesystems – in Form von Jeffersons Vorschlag der »Elementarrepubliken« (wards) – hervorgebracht. Letzten Endes wurde in den USA zwar ein repräsentatives Parteiensystem eingerichtet, doch Arendt erinnert daran, dass es eine Alternative gab. Dass im selben historischen Moment unterschiedliche moderne Repräsentationssysteme möglich schienen – und dass diese Möglichkeiten weiter existieren. Räte stehen Arendts Auffassung nach für die revolutionäre Hoffnung auf eine Staatsform, die es »jedem inmitten der Massengesellschaft doch erlauben könnte, an den öffentlichen Angelegenheiten der Zeit teilzunehmen« (ÜR, S. 341).

Hannah Arendts Buch *Über die Revolution* entwirft keine Utopie. Sein Standort liegt nicht im Nirgendwo der Zukunft. Historisch verankert in den großen Revolutionen am Ende des 18. Jahrhunderts, reicht seine theoretische Perspektive bis in die Antike, an den Beginn der Tradition des politischen Denkens. Arendt sucht schreibend jenen »umgrenzten Raum der freien Tat« auf, der einmal Polis hieß und später die Form von »town hall meetings«, »sociétés populaires« oder Revolutionsräten annahm. In diesem Raum der Tradition erscheinen ihr die Vereinigten Staaten als »größtes und kühnstes Unternehmen der *europäischen* Menschheit«, den antiken Polisgedanken mit dem revolutionären Gründungsakt einer modernen Republik zu verknüpfen (ÜR, S. 178). Der Faden dieser Tradition ist jedoch gerissen. In ihrer Schrift *Über die Revolution* hält Arendt die losen Enden aneinander und bringt auf diese Weise das verlorene Erbe der politischen Freiheit in Erscheinung: »den Geist der Revolution, [...] der zugleich der Geist des Neubeginnens ist« (ÜR, S. 360).

Eichmann in Jerusalem. Ein Bericht von der Banalität des Bösen

zuerst: »*A Reporter at Large: Eichmann in Jerusalem*«. Fünf Folgen in: *The New Yorker*, Februar/März 1963. – Buchfassung: *Eichmann in Jerusalem: A Report on the Banality of Evil*. New York: Viking 1963; *Eichmann in Jerusalem. Ein Bericht von der Banalität des Bösen*. München: Piper Verlag 1964.

Hannah Arendts deutsches Buch über den Eichmann-Prozess beginnt überraschend – mit Versen von Bertolt Brecht, die als Motto zwischen Titelblatt und Inhaltsverzeichnis stehen: »O Deutschland, bleiche Mutter! / Wie sitzest du besudelt / Unter den Völkern. / Unter den Befleckten / Fällst du auf. // ... Hörend die Reden, die aus deinem Hause dringen, lacht man. / Aber wer dich sieht, der greift nach dem Messer.« Brecht hat das von Arendt zitierte Gedicht 1933 verfasst, es heißt »Deutschland« und trägt seinerseits das Motto: »Mögen andere von ihrer Schande / sprechen, ich spreche von der meinen« (Brecht 1997, Bd. 3, S. 253). Damit sind die Kernthemen von Arendts Buch benannt: Schande oder Schuld können nur auf ein Ich bezogen zur Sprache gebracht werden. Der Massenmord, der nach 1933 von Deutschland ausging, ist beispiellos in der Geschichte der Völkergemeinschaft. Nur an die Kapitalstrafe ist zu denken für einen Mittäter dieses Verbrechens, dessen ungeheure Gestalt sich in der »Lächerlichkeit« seines Redens zeigt. Brecht bezeichnete Hitler als »Clown«, Arendt erkannte in Eichmann keinen sadistischen Dämon, sondern einen »Hanswurst«. Die abgrundtiefe Oberflächlichkeit dieses Tätertyps hat sie als *Banalität des Bösen* bezeichnet.

Zwischen April und Dezember 1961 stand Adolf Eichmann, der ehemalige SS-Obersturmbannführer und Leiter des »Judenreferats« im Reichssicherheitshauptamt, in Jerusalem vor Gericht; am Ende des Verfahrens wurde der bürokratische Organisator der sogenannten »Endlösung der Judenfrage«

Vgl. Eichmann-Prozess, S. 46 ff.

zum Tode verurteilt und in der Nacht zum 1. Juni 1962 hingerichtet. Hannah Arendt beobachtete den Prozess und berichtete darüber für die Zeitschrift *The New Yorker*, wo ihr Report Anfang 1963 in fünf Folgen zuerst erschien.

Beispiellosigkeit des Holocaust

Eichmann in Jerusalem ist ein Prozessbericht, der zur Sprache bringt, »was im Prozeß verhandelt wurde oder im Interesse der Gerechtigkeit hätte verhandelt werden müssen« (EJ, S. 54). In Arendts Augen stand in Jerusalem vor allem das Beispiellose des Holocaust zur Verhandlung: ein bürokratisch organisierter Massenmord. Denn hier sollten ganze Völker (Juden, Sinti und Roma, Polen) und andere Menschengruppen (Homosexuelle, körperlich Behinderte, geistig Kranke) vernichtet werden, ohne dass es dafür eine »zweckmäßige« Begründung gab. Im Unterschied zu den Opfern anderer Völkermorde wurden sie nicht aus ihrer Heimat vertrieben und massenhaft umgebracht, weil es um die Besetzung wichtiger Regionen oder um die Ausschaltung von Regimegegnern ging: Ihr Tod war vollkommen »sinnlos«. Ihnen wurde das Daseinsrecht als Mitglieder der Menschengemeinschaft ausgeschlagen. Aus diesem Grund spricht Arendt vom Holocaust als »Verbrechen gegen die Menschheit«; den Begriff »Verbrechen gegen die Menschlichkeit« hält sie für eine unzulässige Verharmlosung, »als hätten es die Nazis lediglich an ›Menschlichkeit‹ fehlen lassen, als sie Millionen in die Gaskammern schickten« (EJ, S. 399). Mit Eichmann stand in Jerusalem erstmals seit den Nürnberger Prozessen von 1945/46 wieder ein Hauptverantwortlicher dieser Verbrechen vor Gericht.

Der Angeklagte Adolf Eichmann hinter kugelsicherem Glas

Im Gegensatz zu vielen kritischen Stimmen, die Eichmann vor einen internationalen Gerichtshof stellen wollten, erkennt Arendt die Zuständigkeit des israelischen Gerichts an. Nachdem die Juden einen eigenen Staat konstituiert haben, müsse man ihnen auch zugestehen, über einen Verbrecher zu richten, der die Auslöschung ihres Volkes plante und vorantrieb. Arendt kritisierte jedoch das Vorgehen der Staatsanwaltschaft: deren Bemühungen, Eichmann die unmittelbare

Teilnahme an Massentötungen nachzuweisen; das Beharren auf dem Antisemitismus des Angeklagten als dessen angeblich zentrale mörderische Motivation; die Vorladung vieler jüdischer Überlebender, die in ihren Aussagen vom unendlichen Leid des Holocaust berichteten, aber wenig Konkretes zum Verfahren beitrugen. Der Prozess gegen Eichmann konnte in ihren Augen nur eine Aufgabe haben: über den Täter eines beispiellosen Verbrechens zu urteilen, das heißt, unabhängig »Recht zu sprechen und der Gerechtigkeit Genüge zu tun« (EJ, S. 373).

»Befehlsnotstand« vs. persönliche Verantwortung

Eichmann erklärte dem Jerusalemer Gericht, er fühle sich vor Gott schuldig, aber nicht vor dem Gesetz. Er habe sich nicht der Tötung oder gar des Mordes schuldig gemacht, sondern höchstens Beihilfe geleistet. Eichmann berief sich darauf, dass er lediglich den Anweisungen von Vorgesetzten gefolgt sei, nur seinem Amtseid getreu und daher auf höheren Befehl gehandelt habe. Außerdem betonte er, nur ein kleines Rädchen im großen Getriebe des NS-Staates gewesen zu sein, dessen Mahlwerk auch ohne ihn gearbeitet hätte. »Im Sinne der Anklage« sei er deshalb nicht schuldig. Arendt nimmt Eichmanns Selbsteinschätzung insoweit ernst, als sie sein Tun nicht als Handeln eines Judenhassers, Ideologen, Fanatikers oder Sadisten bewertet: »Tatsache war ja, daß er ›normal‹ und keine Ausnahme war [...] unter den Umständen des Dritten Reiches« (EJ, S. 100). Unter diesen »Umständen« hatte Adolf Hitler das Gesetz »Du sollst töten!« verkündet und der Staatsbeamte Adolf Eichmann den (vom NS-Juristen Hans Frank) neu formulierten kategorischen Imperativ in seine Maximen aufgenommen: »Handle so, daß der Führer, wenn er von dei-

> »Was wir in diesen Prozessen fordern, ist, daß Menschen auch dann noch Recht von Unrecht zu unterscheiden fähig sind, wenn sie wirklich auf nichts anderes mehr zurückgreifen können als auf das eigene Urteil, das zudem unter solchen Umständen in schreiendem Gegensatz zu dem steht, was sie für die einhellige Meinung ihrer gesamten Umgebung halten müssen.« (Hannah Arendt, *Eichmann in Jerusalem*; EJ, S. 64)

nem Handeln Kenntnis hätte, dieses Handeln billigen würde« (zit. n. EJ, S. 232).

Arendt lässt keinen Zweifel daran, dass für sie das Gerede vom »Handeln auf höheren Befehl« eine Ausflucht vor der Verantwortung ist. Denn vor Gericht werden »alle Räder und Rädchen im Getriebe automatisch wieder in Täter, also in Menschen zurückverwandelt« (EJ, S. 58) – auf der Anklagebank saß ein Mensch aus Fleisch und Blut. Arendt beobachtet und analysiert Eichmanns Aussagen sehr genau: seine Vorliebe für Männerbünde, seine Sehnsucht nach dem »erhebenden Gefühl«, sein Geltungsbedürfnis. Sie folgt nicht den wissenschaftlichen Moden der Zeit, eine schlüssige sozialpsychologische Theorie für Eichmanns Verhalten zu finden – Arendt will die Verantwortung dieses Täters nicht aus der Welt wegerklären. Nach ihrer Überzeugung hatte der »Verwaltungsmassenmörder« Eichmann, bis hin zu konkreten Tötungsmethoden in den Lagern, »mit eigenen Augen gerade genug gesehen, um genau Bescheid zu wissen, wie die Vernichtungsmaschinerie funktionierte« (EJ, S. 176). Aber warum leistete er den offensichtlich verbrecherischen Befehlen seiner Vorgesetzten dennoch Folge? Arendt führt diese Frage zu einem grundsätzlichen Problem: zum »Wesen und Funktionieren der menschlichen Urteilskraft« (EJ, S. 64). In juristischer Hinsicht plädiert sie für einen klaren Richterspruch: Eichmann soll mit dem Tode bestraft werden.

»Verwaltungsmassenmörder« Eichmann

An das Problem der Urteilskraft knüpft Arendt unmittelbar ihren Begriff von der Banalität des Bösen: »Eichmann war nicht Jago und nicht Macbeth, und nichts hätte ihm ferner gelegen, als mit Richard III. zu beschließen, ›ein Bösewicht zu werden‹« (EJ, S. 56). An Eichmann sei die Unfähigkeit zutage getreten, eine Sache vom Standpunkt des anderen her zu sehen; ein Mangel an Vorstellungskraft, sich die Konsequenzen seines Tuns vor Augen zu führen. Er habe sich abgedichtet gegen die Wirklichkeit, indem er für jede Erfahrung ein Klischee, ein Schlagwort, eine Sprachschablone bereithielt: »Amtssprache ist meine einzige Sprache.« Diese Unfähigkeit, sich auszudrücken, war für Arendt auch Ausdruck einer Unfähigkeit zu denken: Eichmann war nicht dazu in der Lage,

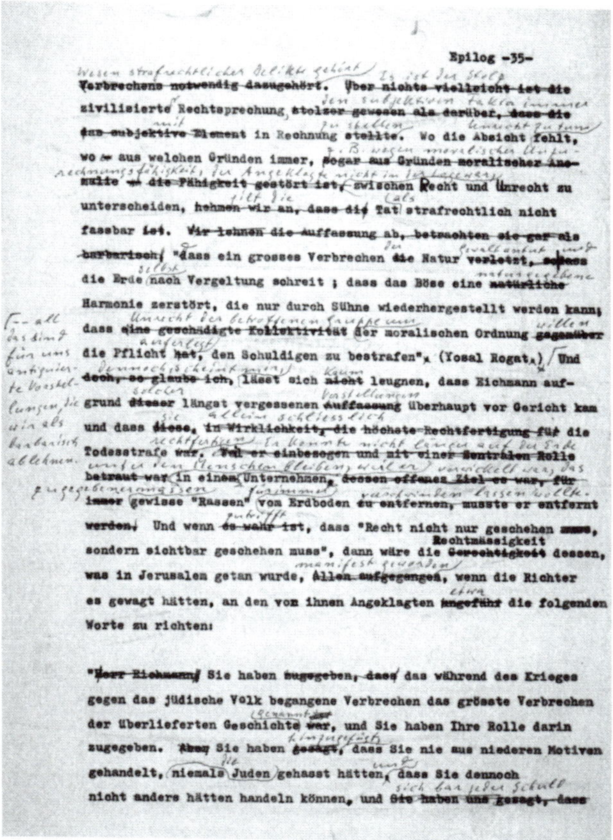

Epilog -35-

~~Verbrechens notwendig dazugehört. Über nichts vielleicht ist die~~ zivilisierte Rechtsprechung ~~stolzer gewesen als darüber, dass die das subjektive Element~~ in Rechnung ~~stellte~~. Wo die Absicht fehlt, wo – aus welchen Gründen immer, ~~sogar aus Gründen moralischer Insanity – die Fähigkeit gestört ist,~~ zwischen Recht und Unrecht zu unterscheiden, ~~nehmen wir an, dass die~~ Tat strafrechtlich nicht fassbar ~~ist~~. ~~Wir lehnen die Auffassung ab, betrachten sie gar als barbarisch,~~ "dass ein grosses Verbrechen ~~die~~ Natur ~~verletzt, so dass~~ die Erde nach Vergeltung schreit ; dass das Böse eine ~~natürliche~~ Harmonie zerstört, die nur durch Sühne wiederhergestellt werden kann; dass ~~eine geschädigte Kollektivität~~ der moralischen Ordnung ~~gegenüber~~ die Pflicht ~~hat~~, den Schuldigen zu bestrafen" (Yosal Rogat) Und ~~doch, so glaube ich,~~ lässt sich ~~nicht~~ leugnen, dass Eichmann aufgrund ~~dieser~~ längst vergessenen ~~Auffassung~~ überhaupt vor Gericht kam und dass ~~diese, in Wirklichkeit, die höchste Rechtfertigung für~~ die Todesstrafe ~~war~~. ~~Weil er einbezogen und mit einer zentralen Rolle betraut war~~ in einem Unternehmen, ~~dessen offenes Ziel es war, für immer~~ gewisse "Rassen" vom Erdboden ~~zu entfernen, musste er entfernt werden~~. Und wenn ~~es wahr ist~~, dass "Recht nicht nur geschehen ~~muss~~, sondern sichtbar geschehen muss", dann wäre die ~~Gerechtigkeit~~ Rechtmässigkeit dessen, was in Jerusalem getan wurde, ~~Allen aufgegangen~~, wenn die Richter es gewagt hätten, an den von ihnen Angeklagten ~~ungefähr~~ die folgenden Worte zu richten:

"~~Herr Eichmann,~~ Sie haben ~~zugegeben, dass~~ das während des Krieges gegen das jüdische Volk begangene Verbrechen das grösste Verbrechen der überlieferten Geschichte ~~war~~, und Sie haben Ihre Rolle darin zugegeben. ~~Aber~~ Sie haben ~~gesagt~~, dass Sie nie aus niederen Motiven gehandelt, niemals Juden gehasst hätten, dass Sie dennoch nicht anders hätten handeln können, und ~~Sie haben uns gesagt, dass~~

Arendts alternative Urteilsbegründung. Die korrigierte Typoskriptseite des Epilogs in der amerikanischen Originalfassung von *Eichmann in Jerusalem*

eine Angelegenheit von verschiedenen Gesichtspunkten aus zu betrachten, die sinnlichen Eindrücke der Wirklichkeit auf den Denkimpuls rückwirken zu lassen und so zu einem unabhängigen Urteil zu kommen.

Gedankenlosigkeit, Urteilen, Schuld

Arendt wird sich in den Schriften der folgenden Jahre mit der Überlegung beschäftigen, inwieweit das Denken Böses verhindern kann. Der Prozess bot in ihren Augen wichtige Lehren, zum Beispiel, dass schiere Gedankenlosigkeit und Realitätsferne »in einem mehr Unheil anrichten können als alle die dem Menschen vielleicht innewohnenden bösen Triebe«

(EJ, S. 57). Eine andere Lehre sei in den wenigen Geschichten enthalten, die Zeugen in Jerusalem von Momenten der Hilfe erzählten; so die Geschichte von dem deutschen Wehrmachtssoldaten Anton Schmidt, der einer jüdischen Widerstandsgruppe mit Papieren und Fahrzeugen half, dann aber entdeckt und hingerichtet wurde. Die Lehre solcher Geschichten besage »politisch gesprochen, dass unter den Bedingungen des Terrors die meisten Menschen sich fügen, *einige aber nicht*« (EJ, S. 347). Diese Menschen waren nach Arendts Auffassung keinen moralischen Regeln oder religiösen Geboten gefolgt, und sie hatten sich nicht auf die Stimme des Gewissens verlassen. Sie wagten es, selbst zu urteilen. Dieses Wagnis habe sie dazu gebracht, nicht teilzunehmen, »und dies *Nichtteilnehmen* war das einzige Kriterium, an dem wir heute Schuld und Schuldlosigkeit des einzelnen messen können« (EJ, S. 221).

Ein brisanter Satz. Denn Arendt schreibt ihn in einer Passage ihres Buches, in der sie die Zusammenarbeit der Judenräte mit den NS-Behörden behandelt. In Holland hätten von etwa 20 000 Juden, die sich der Deportation entzogen hatten und untergetaucht waren, rund die Hälfte überlebt, während »insgesamt 103 000 Juden auf die übliche Weise, also unter Mitarbeit des Judenrats, deportiert [wurden]. Von ihnen sind 519 übriggeblieben« (EJ, S. 219). Damit stellt sie implizit die Frage: Wie viele Leben hätten gerettet werden können, wenn die angesehenen Männer der Judenräte gewarnt oder nur offen ausgesprochen hätten, was sie in aller Regel wussten: dass die Fahrt in den sicheren Tod führt? Haben sie – freilich in ganz anderer Lage als Eichmann – auf ihre Weise gedankenlos gehandelt?

Arendts Stil Viele Überlebende, Angehörige von Opfern, jüdische Verbände fühlten sich von Arendts Haltung – gemäß Herodot »von den Taten der Griechen *und* der Barbaren« zu berichten – beleidigt und verletzt. Häufig richtete sich die Empörung dabei gegen Arendts Stil; er zeuge von jüdischem Selbsthass, sei unangemessen, herzlos und hämisch, hielt man ihr vor. *Eichmann in Jerusalem* ist in der Tat ein irritierendes Buch: Es ist kein gewöhnlicher Bericht, keine klassische Geschichtsdarstellung und keine übliche Polemik. Arendt berichtet, beschreibt, kommentiert. Sie erzählt Geschichten, übermittelt Anekdoten und: sie zitiert. In manchen Passagen gleicht der Text einer Montage aus Zitaten. Arendt lässt die Protagonisten für sich selbst sprechen, vor allem den Angeklagten Eichmann mit seiner »schaurigen Begabung« für eine Sprache voller Klischees, in deren unfreiwilliger Komik die »Banalität des Bösen« zum Ausdruck kommt (EJ, S. 133). Die Originalzitate verbindet Arendt mit einer Bericht- bzw. Erzählstimme, deren Ton – sine ira et studio, gleichwohl mit Verve und ironisch – an das Buch über Rahel Varnhagen erinnert. Nicht einfühlend, vielmehr mit dem Anspruch auf Wahrhaftigkeit. Kein stimmiges Gesamtbild zeichnend, sondern ein vielstimmiges, scharf gestochenes Porträt. Ein Buch ohne Genre zu einem Geschehen ohne Beispiel.

»Sehen Sie, es gibt Leute, die nehmen mir eine Sache übel, und das kann ich gewissermaßen verstehen: Nämlich, daß ich da noch lachen kann. Aber ich war wirklich der Meinung, daß der Eichmann ein Hanswurst ist, und ich sage Ihnen: Ich habe sein Polizeiverhör, 3600 Seiten, gelesen und sehr genau gelesen. Und ich weiß nicht, wie oft ich gelacht habe; aber laut! Diese Reaktion nehmen mir die Leute übel. Dagegen kann ich nichts machen. Ich weiß aber eines: Ich würde wahrscheinlich noch drei Minuten vor dem sicheren Tode lachen. Und das, sagen sie, sei der Ton. Der Ton ist weitgehend ironisch, natürlich. Und das ist vollkommen wahr. Der Ton ist in diesem Falle wirklich der Mensch. Wenn man mir vorwirft, daß ich das jüdische Volk angeklagt hätte: Das ist eine böswillige Propagandalüge und nichts weiter. Der Ton aber, das ist ein Einwand gegen mich als Person. Dagegen kann ich nichts tun.« (Hannah Arendt im Gespräch mit Günter Gaus, 1964; GG, S. 62)

Vgl. die zeitgenössische Kritik, S. 48 ff.

Hannah Arendts *Eichmann in Jerusalem* gibt bis heute Anlass für Kontroversen. Zwar ist die Heftigkeit der Reaktionen, unmittelbar nach Erscheinen des Berichts, einer wachsenden Wertschätzung für ihr unkonventionelles Buch gewichen. Doch deuten allein die Titel – gleichwohl differenzierter –

Konferenzbände wie *Hannah Arendt Revisited: »Eichmann in Jerusalem« und die Folgen* (2000) oder *Hannah Arendt in Jerusalem* (2001) die polarisierende Wirkung an, die von Arendts Buch nach wie vor ausgeht. Gleichzeitig regt es immer neue und interessante Interpretationen an, wie etwa den Vorschlag, Eichmanns Realitätsferne, innere Leere, Pflichttreue und Verantwortungslosigkeit als »Paradigma der Moderne« zu lesen (Volk 2005, S. 20).

Der Ort des denkenden Ich in der Zeit

Amerikanische Essaysammlungen: *Between Past and Future*. New York: Viking 1961/1968; *Men in Dark Times*. New York: Viking 1968; *Crises of the Republic*. New York: Harcourt Brace Jovanovich 1972. – Deutsche Buchausgaben (alle Piper Verlag): *Macht und Gewalt*. München 1970; *Walter Benjamin – Bertolt Brecht. Zwei Essays*. München 1971; *Wahrheit und Lüge in der Politik. Zwei Essays*. München 1972.

Das Buch über den Eichmann-Prozess markiert einen tiefen Einschnitt in Hannah Arendts Denken und Schreiben. Nie zuvor und niemals danach stand ihre Arbeit so grell beleuchtet in der Öffentlichkeit, geriet die Autorin derart in die Rolle einer Akteurin, amalgamierte das Theoretische vergleichbar mit dem Praktischen. Hinzu kommt, dass Arendt ihrem Nachdenken über den Totalitarismus mit der »Banalität des Bösen« eine entscheidende Wendung gibt: weg vom »radikal Bösen« der *Elemente und Ursprünge* hin zum Nachdenken über das Vermögen und Versagen der politischen Urteilskraft und über die Rolle, die dabei das Denken spielt.
Schon vor dem Eichmann-Bericht hatte sich Hannah Arendt mit Beobachtungen und Kommentaren in Debatten der Zeit eingemischt. Auch während und nach der Eichmann-Kontroverse schrieb sie zahlreiche Essays und Artikel mit Blick auf die politische Gegenwart, zum Beispiel über die Frankfurter Auschwitz-Prozesse oder zum Watergate-Skandal des US-Präsidenten Nixon. In den 1960er Jahren beschäftigte sich Arendt auch mit den studentischen Protestbewegungen dies- und jenseits des Atlantiks. Sie sympathisierte mit der Lust der jungen Generation am Handeln und beobachtete zugleich die

»theoretische Hilflosigkeit« der Neuen Linken, die ihrer Ansicht nach mit vorschnellen Klassifizierungen an der politischen Wirklichkeit vorbeigriff (MG, S. 117).

Bereits in ihrem Buch *Über die Revolution* hatte Arendt kritisiert, dass es die politische Theorie nicht geschafft habe, das freiheitliche Moment der Gründung, den Ursprung der amerikanischen Republik, begrifflich in der politischen Gegenwart zu bewahren. Denn »ohne die denkende Vollendung nach der Tat, ohne die durch Erinnerung erreichte Artikulation« bleibe schlicht keine Geschichte, »die erzählt werden [kann]« (ZVZ, S. 10). Arendt siedelt jene Trias aus Denken-Erinnern-Erzählen metaphorisch an dem Ort »zwischen Vergangenheit und Zukunft« an. Diese Denkfigur gibt der Essaysammlung *Between Past and Future* den Titel und markiert zugleich den Schlusspunkt von Arendts Buch über »Das Denken« – und spannt damit den Bogen von den Schriften der frühen 1960er Jahre bis ins Spätwerk der 1970er Jahre.

Kafka, denkendes Ich

Arendts Bild von der Lücke zwischen Vergangenheit und Zukunft fußt auf Franz Kafkas Parabel »Er«. Das »denkende Ich« stehe in der Gegenwart unter der Last einer Vergangenheit, die aus der Unendlichkeit kommt und nach vorne schiebt; ihm entgegen wirke eine ebenfalls in der Unendlichkeit entspringende Zukunft. In der Mitte treffen die Kräfte zusammen und das Kontinuum der Zeit bricht auf. Hier ist die Gegenwart, der Boden, auf dem das denkende Ich steht, der Ort, von dem sein ins Unendliche gerichtetes Denken ausgeht. Der Pfad, den dieses Denken bahnt, sei nicht tradierbar; jede neue Generation und jeder neue Mensch müsse ihn für sich entdecken und mühsam neu bahnen. Das Bild vom aufgesprengten Kontinuum der Zeit durch das denkende Ich gilt nur für geistige, nicht für reale Phänomene, so Arendt. In *Men in Dark Times* (1968) nimmt sie auf diese Weise das Gespräch mit verschiedenen Autoren auf – unter anderem mit Bertolt Brecht, Hermann Broch, Rosa Luxemburg, Karl Jaspers, Tania Blixen, Randall Jarrell. Sie alle hatten in der ersten Hälfte des 20. Jahrhunderts gelebt.

Lessing, Freundschaft

Die einzige Ausnahme in Arendts Sammlung stellt ein Schriftsteller des 18. Jahrhunderts dar: Gotthold Ephraim Lessing. In seinen Schriften fand Arendt ein denkendes Ich als Gegenüber für ihr Fragen nach der »richtigen Haltung in ›finsteren Zeiten‹« (LES, S. 32). Lessings Vorstellung von Freundschaft besitze politische Relevanz: Den Kern der Freundschaft bildet das Gespräch. Ein Gespräch, das die verbindenden und die trennenden Momente der Befreundeten zur Erscheinung bringt. Dabei entsteht ein Raum, in dem weder der zwingende Charakter philosophischer Wahrheit noch wissenschaftlicher Gesetzmäßigkeit gilt, sondern die ausgesprochenen Wahrheiten ein unabschließbares Gespräch zwischen den Menschen in Gang setzen. Angenommen, fragt Arendt, es hätte sich während der NS-Zeit tatsächlich »wissenschaftlich« nachweisen lassen, dass bestimmte Rassen minderwertig und darum auszurotten sind: »Wäre eine solche zwingende Lehre es überhaupt wert gewesen, ihr auch nur eine einzige Freundschaft zwischen zwei Menschen zu opfern?« (LES, S. 46)

Das Porträt in dieser Sammlung, in dem Hannah Arendt am ausführlichsten über die Darstellungsform gegenwärtigen Denkens »zwischen Vergangenheit und Zukunft« spricht, ist ihr Essay über Walter Benjamin. Benjamin habe die Gabe besessen, »dichterisch zu denken« (BJI, S. 242) – »genährt aus dem Heute«, für das die Kontinuität der Vergangenheit verloren gegangen war. In seinem Denken und Schreiben kommt für Arendt zum Ausdruck, dass »an die Stelle der Tradierbarkeit der Vergangenheit ihre Zitierbarkeit getreten war« (BJI, S. 229). Benjamin habe auf die Demontage der Vergangenheit mit einer Montage von Bruchstücken geantwortet. Diese »staunende Darstellung der bloßen Faktizität« – in so unterschiedlichen Büchern wie *Ursprung des deutschen Trauerspiels*, *Einbahnstraße* oder *Deutsche Menschen* – zeige die geistige Haltung eines Sammlers oder Flaneurs, der, statt Beweise zu führen, Aufgelesenes zitiert. Formuliert sei dieses Denken im Modus der »correspondances«, sich gegenseitig erhellender Erscheinungen, die ohne interpretativen Kommentar auskommen. Arendt vergleicht diese Tätigkeit mit einem Perlentaucher, der sich auf den Grund des Meeres begibt, um »das Reiche und Seltsame, Perlen und Korallen, herauszubrechen und als Fragmente an die Oberfläche des Tages zu retten« (BJI,

Benjamin, Perlentaucher

S. 242). Mehrfach verwendet Arendt Wasser-Bilder, um den Ort des denkenden Ichs in der Lücke zwischen Vergangenheit und Zukunft zu beschreiben. Anders als etwa die Metapher des Freilegens von Schichten prägt das Bild des Tauchgangs eine Bewegungsfreiheit, die Arendts Denken auf paradigmatische Weise kennzeichnet.

Politik, Wahrheit, Integrität

Dem Ort des denkenden Ichs »zwischen Vergangenheit und Zukunft« widmet sich Arendt in der gleichnamigen Sammlung am intensivsten in dem Essay »Wahrheit und Politik«; zwischen 1963 und 1969 schrieb sie mehrere Fassungen dieses Textes in englischer und deutscher Sprache. Angestoßen durch die Geschehnisse der Eichmann-Kontroverse beschäftigt sich Arendt darin mit Wahrheit, Wahrhaftigkeit und Wirklichkeit. Mit Leibniz unterscheidet sie »Vernunftwahrheiten«, die einen notwendigen Zusammenhang beschreiben (»zwei mal zwei ist vier«) und »Tatsachenwahrheiten«, die kontingente Zusammenhänge bezeichnen (»es regnet«). Traditionell gelten die philosophischen Vernunftwahrheiten als bedroht durch die Rhetorik der Meinungen, die dem politischen Bereich zugerechnet werden. Arendt sieht jedoch vor allem die Tatsachenwahrheiten in Gefahr: »Was hier auf dem Spiel steht, ist die faktische Wirklichkeit selbst« (WUP, S. 336 f.). Führte man den Wahrheitsbegriff zwingender Notwendigkeit in den Bereich menschlicher Angelegenheiten ein, werde mit der faktischen Wirklichkeit auch die »menschliche Freiheit liquidiert« (WUP, S. 344). Denn Tatsachenwahrheiten ist die Kontingenz des »Es hätte auch anders kommen können« eingeschrieben: die Veränderbarkeit der Welt durch Handeln. Paradoxerweise offenbare gerade das Lügen – der Gegenspieler der Tatsachenwahrheit – das freiheitliche Vermögen der Veränderung und damit eine Affinität zur Politik; darum habe etwa Wahrhaftigkeit in der philosophischen Tradition nie zu den politischen Tugenden gezählt. Lügen können zwar Tatsachen aus der Welt schaffen, aber sie vermögen nichts Dauerhaftes neu zu gründen – darin liegt ihre politische Be-

> »Politisches Denken und Urteilen bewegt sich zwischen der Gefahr, Tatsächliches für notwendig und daher für unabänderbar zu halten, und der anderen, es zu leugnen und zu versuchen, es aus der Welt zu lügen.« (Hannah Arendt, *Wahrheit und Politik*; WuP, S. 363)

grenztheit. Selbsttäuschung, die schlimmste Form des Lügens, vernichtet sogar den Weltbezug und den Orientierungssinn der Menschen.

Hannah Arendt, Mitte der 1960er Jahre

Wer einfach nur die Wahrheit sagt, ist kein Handelnder, er steht außerhalb der Politik, und dennoch kann seine Tätigkeit von politischer Bedeutung sein. Im Totalitarismus-Buch hatte Arendt dargelegt, dass schon das bloße Aussprechen der Tatsache von Vernichtungslagern während der NS-Zeit zum politischen Akt wurde. Aber auch jenseits totalitärer Regime gilt: Wer sagt, was ist, gibt den Fakten einen Platz in der Welt, schützt sie vor dem Vergessen, garantiert den Bestand eines gemeinsamen menschlichen Bezugsraums. Die Form, die Arendt im Sinn hat, um den Fakten ihre Beliebigkeit zu nehmen und ihnen Sinn zu geben, ist »eine Geschichte zu erzählen«. Sie verankert dieses Vermögen noch vor jeder wissenschaftlichen oder theoretischen Tradition, bei den Geschichtsschreibern und Schriftstellern der großen Epen (Homer, Herodot). Was Arendt bei ihnen kristallisiert sieht, ist eine Haltung der »Wahrhaftigkeit«, der Objektivität und der Liebe zur Welt, die auch den Unterlegenen und Feinden Gerechtigkeit widerfahren lässt, »diese merkwürdige Leidenschaft für intellektuelle Integrität um jeden Preis«. In der Gegend jener »Realitätsnähe« entspringe »die menschliche Urteilskraft«. Arendt erkennt darin ein genuin politisches Vermögen, insofern es die Standpunkte anderer durch Einbildungskraft vergegenwärtigt und unabhängig von Interessen und Gruppenzugehörigkeiten im Sinne einer »erweiterten Denkungsart« (Kant) frei urteilt. Arendt setzt das denkende Ich in Bezug zur Integrität der Person. Dem geistigen Ort des »Zwischen« gesellt sie einen lebendigen hinzu: eine »Haltung, der es nur um die Wahrheit zu tun ist.« Wahrheit lasse sich hier nur zweifach fassen: In begrifflichem Sinne meine sie das, was der Mensch nicht ändern kann, und »metaphorisch gesprochen ist sie der Grund, auf dem wir stehen, und der Himmel, der sich über uns erstreckt« (alle Zitate WUP, S. 367 ff.).

Vom Leben des Geistes

The Life of the Mind: Thinking. Willing. Hg. von Mary McCarthy, New York: Harcourt Brace Jovanovich 1978; *Lectures on Kant's Political Philosophy.* Hg. von Ronald Beiner. Chicago: The University of Chicago Press 1982. – *Vom Leben des Geistes: Das Denken. Das Wollen.* Hg. von Mary McCarthy. München: Piper Verlag 1979; *Das Urteilen. Texte zu Kants Politischer Philosophie.* Hg. von Ronald Beiner. München: Piper Verlag 1985.

Hannah Arendts letzte große Arbeit *The Life of the Mind* erschien posthum, drei Jahre nach ihrem Tod. Sie beruht auf Vorlesungen, die sie 1973 und 1974 im Rahmen der Gifford Lectures an der Universität von Aberdeen gehalten hatte. Mary McCarthy gab die Vortragstexte 1978 in Buchform heraus; ein Jahr später erschien die deutsche Übersetzung. Korrespondierend der Dreiteilung von *Vita Activa* – Arbeiten, Herstellen, Handeln – ist *Vom Leben des Geistes* auf drei Abschnitte angelegt: Denken, Wollen, Urteilen. Das letzte Kapitel über das Urteilen, der Fluchtpunkt des gesamten Vorhabens, liegt allerdings nur in Fragmenten und Notizen vor – Arendt starb am Beginn der Niederschrift. Vgl. S. 57

Die Konfrontation mit dem »Verwaltungsmassenmörder« Adolf Eichmann hatte ihr den unmittelbaren Anstoß gegeben, über die geistigen Tätigkeiten des Menschen nachzudenken. Dass Eichmann Millionen Menschen in den Tod geschickt hatte, war in ihren Augen keine fanatische Handlung, sondern ein Akt schierer Gedankenlosigkeit. Ein Verbrechen, das weder Sitten noch Bräuche oder religiöse Regeln zu verhindern vermochten. »Könnte vielleicht das Denken als solches«, fragt Arendt angesichts jenes Versagens aller ethisch-moralischen Maßstäbe, »zu den Bedingungen gehören, die die Menschen davon abhalten oder geradezu dagegen prädisponieren, Böses zu tun?« (LGD, S. 15) Vgl. S. 51

Das Denken

Als Antwort auf diese Frage entwirft Arendt kein philosophisches System, keine politische Theorie und keine Morallehre. Sie berichtet von den »Erfahrungen des denkenden Ichs« – wie das erste Buch alternativ betitelt sein könnte (LGD,

S. 24). Denken sei eine Tätigkeit, auf die keine akademische Disziplin ein Vorrecht habe und die, entgegen der philosophischen Tradition seit Platon, kein Privileg der Wenigen sei. Das Denken – ebenso wie das Urteilen – sei ein Bedürfnis und Vermögen aller Menschen.

Doch in welchem Verhältnis steht das Denken zur Welt?

Metaphysischer Trugschluss: »Zwei Welten«

In kritischer Auseinandersetzung mit der philosophischen Tradition betrachtet Arendt zwei Vorstellungen als gleichermaßen wahr: Den Rückzug des denkenden Ichs aus der wirklichen Welt, die Entsinnlichung der Einzeldinge durch das Denken, damit der Geist mit ihnen umgehen kann *und* die Tatsache des lebendigen In-der-Welt-Seins, ohne das auch das denkende Ich nicht »existieren« kann. Man müsse *beides* denken. Die traditionelle Trennung von Sinnlichem und Übersinnlichem, von bloßer Erscheinung und wahrem Sein hält Arendt für einen metaphysischen Trugschluss, dessen Hierarchie sie umkehrt: »In *dieser* Welt [...] ist Sein und Erscheinen dasselbe« (LGD, S. 29). Die Pluralität sei eine unhintergehbare Tatsache des menschlichen Daseins auf der Erde und somit jeder Mensch Wahrnehmender und Wahrgenommener zugleich.

Denken gehört nicht zur allgemeinen Welt der Erscheinungen, es ist außer der Ordnung. Es bringt keine Ergebnisse hervor – sie würden den Denkvorgang stillstellen. Denken vernichtet, schafft, entsinnlicht, vergegenwärtigt. Hannah Arendt vergleicht es mit dem Geschäft der Penelope, die den Teppich, den sie nachts knüpfte, morgens wieder auflöste. Denken ist reine Tätigkeit. Darum ist Arendt mit Aristoteles der Auffassung, die »einzige denkbare Metapher für das Leben des Geistes ist die Empfindung des Lebendigseins« (LGD, S. 128).

Als geistige Tätigkeit, die unsichtbar und auf das Unsichtbare gerichtet ist, offenbart sich das Denken in der Sprache. Mit Hilfe von Analogien, Metaphern und Sinnbildern überbrücke die Sprache »die Kluft zwischen dem Reich des Unsichtbaren und der Welt der Erscheinungen« (LGD, S. 113). Die Trennung zwischen wahrem Sein und bloßem Erscheinen sei täuschend echt, indes: »Es gibt nicht zwei Welten, denn die Metapher vereinigt sie« (LGD, S. 114).

Rückbezogen auf die Frage nach den Potentialen des Denkens, Böses zu verhindern, kommt Arendt auf Sokrates zu sprechen. Von ihm seien zwei positive Aussagen über das Denken überliefert: Es ist besser, mit allen Menschen in Zwietracht zu leben, als mit sich selbst uneins zu sein – und: Es ist besser, Unrecht zu leiden, als Unrecht zu tun. Was mittlerweile wie eine leere moralische Formel klingt, sind Aussagen über die Erfahrungen des denkenden Ichs, erläutert Arendt. Das »Zwiegespräch des Denkens«, das dialogische »Zwei-in-Einem« des denkenden Ichs, könne »nur zwischen Freunden stattfinden« (LGD, S. 188). Aristoteles habe den Freund einmal als anderes Selbst bezeichnet – um keinen Preis könne das denkende Ich wollen, dass dieser Freund ein Mörder ist. Für das Denken bedeute dies praktisch: »jedesmal, wenn man in seinem Leben auf eine Schwierigkeit stößt, muß man neu überlegen« (LGD, S. 176). Eine andere Basis als die Integrität des denkenden Ichs ist nach dem Traditionsbruch nicht vorstellbar. Was wir in der Welt zu tun vermögen, so ließe sich Arendt verstehen, hängt nicht nur davon ab, was denkbar ist, sondern umgekehrt gilt ebenso, dass unser Vermögen zu denken davon abhängt, wie wir uns in der Welt bewegen und in ihr in Erscheinung treten.

Dialogisches Denken »zwischen Freunden«

Das Wollen

Im zweiten Band *Vom Lebens des Geistes* befragt Arendt die abendländische Geschichte nach den Erfahrungen des wollenden Ichs. Ihr Fokus liegt dabei auf dem Willen als Triebfeder des Handelns, und damit zugleich auf dem Problem der Freiheit.

Geschichte des Willen

Als Organ für die Zukunft – das heißt für das, was kommen soll – trete der Wille erst seit dem Christentum und der damit einsetzenden linearen Zeitvorstellung in Erscheinung. Die griechische Antike kannte zwar den Konflikt zwischen Begierde und Vernunft im Seelenleben des Menschen; Aristoteles sprach von der »proairesis« als dem Vermögen der Wahl zwischen verschiedenen gegebenen Möglichkeiten. Einen Begriff des Willens hätten die Griechen jedoch nicht besessen, da ihr zyklisches Zeitverständnis keine Zukunft kannte.

Das Vermögen des Willens und sein Potential zur Freiheit wurde immer wieder heftig kritisiert oder sogar geleugnet. Zum Beispiel kollidierte es mit unterschiedlichen Vorstellungen eines allmächtigen Gottes. Außerdem stand ihm die von Hobbes über Spinoza bis Schopenhauer verbreitete Auffassung entgegen, der Mensch sei zwar subjektiv frei, objektiv aber von Notwendigkeit bestimmt. Als wirkungsmächtigsten Vertreter der letztgenannten Position bezeichnet Arendt den großen Denker Hegel: Er habe die Geschichte – und nicht die reine Reflexion – als Quelle der Wahrheit verstanden, diese aber in ein geistiges Phänomen verwandelt. Die Aufgabe der Philosophie sei für ihn gewesen, den notwendigen Verlauf der Weltgeschichte, ihren systematischen Plan zu erfassen. Arendt meinte darin eine typische Tendenz professioneller Denker zu erkennen: mit der Notwendigkeit zu Lasten der Freiheit zu sympathisieren.

»Das, was ist, zu begreifen, ist die Aufgabe der Philosophie, und das, was ist, ist die Vernunft.« (G. W. F. Hegel, *Philosophie des Rechts*; zit. n. LGW, S. 278)

Arendt fand in der Geistesgeschichte zwei wiederkehrende Auffassungen über den menschlichen Willen vor: zum einen die Vorstellung vom Willen als Wahlvermögen, der im Sinne eines Schiedsrichters zwischen gegebenen Zielen »frei die Mittel zu ihrer Erreichung überlegt«; zum anderen das Verständnis vom Willen als Vermögen, »eine Reihe in der Zeit ganz von selbst anzufangen«, wie es Kant formuliert hatte, auch wenn er den Willen lediglich als ausführendes Organ der Vernunft in allen Verhaltensdingen auffasste (zit. n. LGW, S. 386).

Arendt durchforstet die Geistesgeschichte des Willens von der Antike bis in die Gegenwart. Sie setzt sich mit den Positionen von Paulus, Epiktet, Augustinus, Thomas von Aquin, Duns Scotus, Friedrich Nietzsche und Martin Heidegger auseinander. Dabei stellt Arendt fest, dass es bisher keine Philosophie des Willens gibt, die von Handelnden formuliert wurde. Deren Erfahrungen von Spontaneität, Kontingenz, Zufälligkeit enthielten ihrer Ansicht nach das Potential zu einer Willenstheorie, die über die philosophische Freiheit des »Ich-will« hinausgeht und die politische Freiheit des »Ich-kann« zu erfassen vermag. Arendts Nachdenken über »das Wollen« läuft auf Begriffe wie Vertrauen, Sicherheit, Gesetz zu – auf Beziehungen, die von Menschen geknüpft wurden: auf das Handeln, in dem ein »Wir« mit der Veränderung und dem Erhalt einer gemeinsamen Welt beschäftigt ist; auf politische Freiheit, die nur in der Sphäre menschlicher Pluralität möglich ist; und auf das Potential der Gründung von Freiheit. Dabei greift sie einen Satz von Augustin wieder auf, der ihre politisch-philosophischen Schriften wie ein Leitmotiv durchzieht: »Damit ein Anfang sei, wurde der Mensch geboren.« Am Ende des *Wollens*, und somit am Schlusspunkt ihres schriftlich hinterlassenen Werkes, spitzt Arendt ihre Lektüre dieses Zitats radikal zu: Augustinus' Ausspruch besage, »wir seien zur Freiheit verurteilt, indem wir geboren seien, ob wir nun die Freiheit lieben oder ihre Willkür verabscheuen, ob sie uns ›paßt‹ oder wir uns lieber ihrer furchtbaren Verantwortung entziehen« (LGW, S. 443).

»Könnte es so sein, daß den professionellen Denkern, die ihre Spekulation auf die Erfahrung des denkenden Ichs aufbauen, die Freiheit weniger ›paßte‹ als die Notwendigkeit?« (Hannah Arendt, *Vom Leben des Geistes. Das Wollen*; LGW, S. 272)

»... zur Freiheit verurteilt«

Das Urteilen

Die Frage nach der Verhinderbarkeit des Bösen, die Arendt am Beginn ihres Buches *Vom Leben des Geistes* gestellt hatte, blieb in den ersten beiden Abschnitten weitgehend unbeantwortet. Vermutlich sollte der dritte Teil Aufschluss darüber geben, sah Arendt doch im »Vermögen der Urteilskraft [...] das politischste der geistigen Vermögen des Menschen« (LGD, S. 191). Aufgrund ihres plötzlichen Todes blieb die Abhandlung über das Urteilen ungeschrieben. Ronald Beiner gab 1982 die *Lectures on Kant's Political Philosophy* und einige weitere Fragmente heraus, in denen Arendt sich mit dem Urteilen beschäftigte und die gewissermaßen Vorarbeiten zum dritten Band darstellen; die deutsche Übersetzung der Textsammlung erschien drei Jahre später.

Während das Denken mit dem Allgemeinen, mit Unsichtbarem und Vorstellungen von Abwesendem befasst ist, behandelt das Urteilen – hierin dem Wollen ähnlich – das Besondere, es hat mit sinnlich Gegenwärtigem, mit Einzeldingen zu tun. »Die Urteilskraft [...] realisiert das Denken«, so Arendt, »bringt es in der Erscheinungswelt zur Geltung, wo ich nie allein bin und immer viel zu beschäftigt, um denken zu können« (LGD, S. 192). Die klassische Philosophie seit Platon und Pythagoras habe die überlegene Stellung des Zuschauers betont, der aus unbeteiligter Position den Sinn von Ereignissen erkennen kann, der den Handelnden selbst verborgen bleibt. Mit Kant ist Arendt der Ansicht, dass Zuschauer nur in der Mehrzahl existieren und das Urteil die Mitteilbarkeit benötigt. Den Kern dieser politischen Philosophie habe Kant in seinen Überlegungen zur ästhetischen Urteilskraft, im ersten Teil der *Kritik der Urteilskraft* formuliert.

> »Die philosophische Wahrheit hat keine Allgemeingültigkeit. Was sie braucht, was Kant in der *Kritik der Urteilskraft* von den Geschmacksurteilen forderte, ist ›allgemeine Mitteilbarkeit‹.« (Hannah Arendt über das Urteilen; URT, S. 57)

Ästhetisches und politisches Urteilen

Kants »Geschmacksurteil« hat nach Arendts Auffassung vieles mit dem politischen Urteilen gemein: Der geistigen Tätigkeit geht eine sinnliche Erfahrung voraus. Das Vermögen, etwas als schön oder hässlich, richtig oder falsch zu beurteilen, ist Experten und Laien gleichermaßen gegeben. Die Fähigkeit zu urteilen setzt eine Haltung des »uninteressierten Wohlgefallens« (Kant) voraus, also das Vermögen, von privaten Bedingungen abzusehen und unparteiisch zu urteilen. Unabhängig vom logischen Eigensinn des Sensus privatus führt der Sensus communis – der Gemeinsinn oder gesunde Menschenverstand – die Wahrnehmungen der fünf Sinne zusammen. Mit Hilfe der Einbildungskraft vergegenwärtigt das Urteilen die Standpunkte abwesender Zuschauer und Urteilender zu einer »erweiterten Denkungsart« (Kant). Der Prüfstein der so gewonnenen Urteile ist, dass sie mitteilbar sind. Ihre Geltung ist nicht zwingend und unterscheidet sich somit von wissenschaftlichen Aussagen und Ergebnissen. Das Urteilen gibt keine Handlungsanweisungen, es ist nicht mit Angelegenheiten der Moral oder der praktischen Vernunft beschäftigt. Urteilen ist das Vermögen, »das Besondere und das Allgemeine auf geheimnisvolle Weise miteinander zu verbinden« (URT, S. 100 f.). Für Arendt ist die Urteilskraft eine Begleiterscheinung der befreienden, ausräumenden Wirkung des Denkens; und diese Fähigkeit könne »in den seltenen Augenblicken, da die Einsätze gemacht sind – in der Tat Katastrophen verhindern, mindestens für das Selbst« (LGD, S. 192).

»Die Maximen des sensus communis sind: ›Selbstdenken‹ (die Maxime der Aufklärung); ›An der Stelle jedes anderen denken‹ (die Maxime der ›erweiterten Denkungsart‹); ›Jederzeit mit sich selbst einstimmig denken‹ (die Maxime der Widerspruchsfreiheit).« (Hannah Arendt über die Grundsätze des gesunden Menschenverstands; URT, S. 95)

Das Urteilen ist ein zentraler Fluchtpunkt der theoretischen Arbeit Hannah Arendts, weil es auf die »*Beziehung* zwischen Philosophie und Politik« aufmerksam macht, auf die »*Haltung* [des Denkens] gegenüber dem Bereich der menschlichen Angelegenheiten« (URT, S. 35). Hier verankert Arendt das katastrophale Versagen gegenüber den Verbrechen des 20. Jahrhunderts. In ihrem *Denktagebuch* bemerkt sie: Nicht die Vernunft, sondern die Einbildungskraft bilde »das Band zwischen den Menschen« (DTB, S. 570).

»Um Zeugen zu haben, auch Freunde«: Hannah Arendts *Denktagebuch*

Denktagebuch. 1950 bis 1973. 2 Bde. Hg. von Ursula Ludz und Ingeborg Nordmann. München: Piper Verlag 2002.

Ab Mitte der 1920er Jahre führte Hannah Arendt Notizhefte, in die sie sporadisch Gedanken, Gedichte, Zitate eintrug. Ein knappes Jahrzehnt nach der Ankunft in Amerika schlug sie im aktuellen Heft eine neue Seite auf: Mit der Zahl »1« paginierte sie die rechte obere Ecke des Blattes, darunter setzte sie das Datum »Juni 1950« – der Beginn ihres *Denktagebuchs.* Unter diesem Titel haben Ursula Ludz und Ingeborg Nordmann die 28 spiralgebundenen Schreibhefte und ein »Kant-Heft« 2002 aus dem Nachlass herausgegeben. Arendts handschriftliche Notate der Jahre 1950 bis 1973 umfassen rund 800 Druckseiten; hinzu kommen etwa 400 Seiten editorischer Kommentar: ein gewichtiges Dokument, das der Lektüre von Arendts

Schriften und dem Zugang zu ihrem Denken neue Wege eröffnet.

Das *Denktagebuch* ist kein Tagebuch, in dem ein Ich über Geschehnisse, Gedanken und Geheimnisse des alltäglichen Lebens berichtet. Die Eintragungen sind auch nicht nach Tagen, sondern nach Monaten verzeichnet. Was Arendt hier notierte, sollte dem denkenden Ich Raum geben, das sie als alters- und zeitlos auffasste und zugleich dialogisch verstand. Ein lebendiges Zwiegespräch, das nicht nur auf das innere »Zwei-in-einem«, sondern auch auf ein äußeres Gegenüber orientiert ist. So sind die einzigen »privaten« Vermerke des *Denktagebuchs* Sterbedaten naher Freunde und Partner im Denken, wie Hermann Broch oder Karl Jaspers. Den tiefsten Einschnitt markiert der Tod Heinrich Blüchers. »*1971/ Ohne Heinrich*« beginnt Arendt das letzte Heft. Danach folgen nur noch wenige Einträge, fast ausschließlich Reisedaten, bevor das *Denktagebuch* 1973 abbricht.

Auseinandersetzung mit philosophischen Traditionen

Mit dem Beginn des *Denktagebuchs* setzt eine intensive Auseinandersetzung mit der philosophischen Tradition ein. Arendt formuliert ihre Leitfrage bereits auf den ersten Seiten: »Gibt es ein Denken, das nicht tyrannisch ist?« (DTB, S. 45) Das *Denktagebuch* kann als »Archiv eines großen Projekts« verstanden werden, das mit der Frage umgeht, »wie nach den Katastrophen des 20. Jahrhunderts, nach vernichtenden Kriegen und der Shoah noch politisch gedacht und gehandelt werden kann« (Hahn 2004, S. 2).

Etwa drei Viertel der Einträge datieren aus den Jahren 1950 bis 1956. Daher lassen sich besonders enge Verbindungen zu *The Human Condition* (1958) / *Vita Activa* (1960) und zu zentralen Essays wie »Understanding and Politics« (1953) oder »Tradition and the Modern Age« (1954) knüpfen. Die dort entwickelten Begriffe von Arbeiten, Herstellen, Handeln, Pluralität, Freiheit, Macht bereitet Arendt in detaillierten Exzerpten und Lektürenotizen zu Platon, Aristoteles, Hobbes, Kant, Hegel, Marx im *Denktagebuch* vor. Ebenso interessant wie diese Bezüge sind jedoch die Ungleichzeitigkeiten. Zwischen dem ersten Auftauchen bestimmter Gedanken und ihrer schriftstellerischen Entfaltung können lange Zeiträume lie-

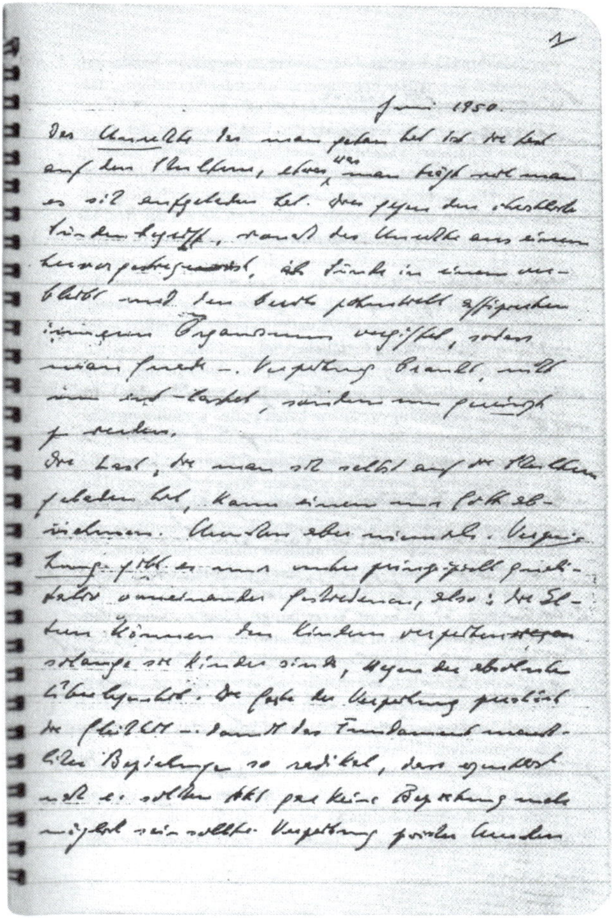

»Juni 1950«. Die erste Seite von Hannah Arendts *Denktagebuch*

gen. Zum Beispiel sind Arendts Überlegungen zu den Vermögen der *Vita Contemplativa* – Denken, Wollen, Urteilen – im Kern bereits während ihrer Arbeit an der *Vita Activa*, Mitte der 1950er Jahre, vorhanden; bis sie im *Leben des Geistes* ausgeführt werden, vergehen rund zwanzig Jahre. »Für die Denk-Erfahrung gibt es keine Zeit«, schreibt Arendt (DTB, S. 687). Arendts Notizbücher geben auch Aufschluss über nicht realisierte Buchprojekte. Im Mai 1954 skizziert sie zum Beispiel einen Essayband über »Staatsformen – Vita Activa – Philosophie und Politik«. Im selben Zeitraum plant sie ein »Experimental Notebook of a Political Scientist«, in dem »all die alten Fragen« neu durchdacht werden sollten: »was ist Liebe, was ist Freundschaft, was ist Einsamkeit, was ist Handeln, Denken usw., aber nicht die eine Frage der Philosophie: Wer ist der Mensch« (DTB, S. 297). Im Nachdenken über die Grundbedingungen menschlichen Zusammenlebens versucht Arendt die traditionelle Frontstellung zwischen Philosophie und Politik durch begrifflich produktive Unterscheidungen aufzulösen: »Verstehen ist das Denken der Einsamkeit. – Urteilen ist das Denken des Zusammenseins [...]. Schliessen ist das Denken der Verlassenheit« (DTB, S. 287).

Schreibgestus und Mehrsprachigkeit

Der Schreibgestus des *Denktagebuches* ist nicht experimentell, vielmehr notiert Arendt Gedachtes. Lesend sucht sie nach Dialogpartnern und zeichnet das Erinnernswerte ihrer Begegnungen auf: »Das Interpretieren, das Zitieren – doch nur, um Zeugen zu haben, auch Freunde« (DTB, S. 756). Freundschaft ist für Arendt ein Raum, in dem sich die Beteiligten als Gleiche und Verschiedene begegnen können. Freundschaft ist zugleich ein Erscheinungsraum von Freiheit, deren Möglichkeiten immer wieder neu abgesteckt werden müssen. So geht es ihr im Umgang mit der Tradition vor allem um die »Beweglichkeit des Denkens, derer sie sich immer wieder vergewissern will« (Ludz/Nordmann 2002, S. 857).

Wie Arendts Publikationen durchziehen das *Denktagebuch* die Fäden unterschiedlicher Sprachen. Exzerpte und Anmerkungen zur Lektüre notiert Arendt meist in der Originalsprache des jeweiligen Textes: So stehen hebräische, griechische, lateinische, französische, englische Textpassagen nebeneinander. Überwiegend ist das *Denktagebuch* jedoch auf Deutsch geschrieben. Das ist bemerkenswert, weil Arendt es in dem Moment beginnt, als sie eine amerikanische Autorin wird. Während sie in der Sprache ihrer zweiten Heimat in die Öffentlichkeit trat, wollte und musste sie die Muttersprache auf besondere Weise bewahren, um im Denken beweglich und präzise zu sein. Deutsch blieb, so Jerome Kohn 1999,

»Arendts vorrangiges und dauerhaftes Medium der Reflexion« (S. 35).

Das *Denktagebuch* ist zudem eine »Werkstatt«, da Arendts Versuch, das Politische neu zu denken, stets einherging mit der dringlichen Suche nach möglichen Darstellungsformen dieses Denkens. Um die Erfahrungen in der Welt und des Denkens in Worte zu fassen, sucht Arendt den Dialog mit der Dichtung. Von den Dichtern »erwarten wir Wahrheit (nicht von den Philosophen, von denen wir Gedachtes erwarten)«, notiert sie (DTB, S. 469). Das Dichten operiert mit Anschauung, Bildern, Sichtbarem, das »Denken schöpft aus dem Bereich des Sichtbaren seine ›Begriffe‹, um das Unsichtbare zu bezeichnen« (DTB, S. 728). Arendt konstelliert unterschiedliche Schreibweisen, um ihrem Denken Ausdruck zu verleihen. So erscheinen im *Denktagebuch* Gedanken und Zitate von Shakespeare, Goethe, Rilke, Kafka, Faulkner neben solchen von Platon, Aristoteles, Kant, Hegel, Nietzsche, Heidegger. Das Verhältnis von Dichterischem und Philosophischem ist dabei nicht hierarchisch, ihre Beziehung ist die des »Oder«: Die von Arendt zitierten »Verse und Strophen einer poetischen Sprache verdichten ein ›Wissen‹, das sich einer anderen Schreibweise entzieht« (Hahn 2005, S. 85). Somit scheint Arendts Umgang mit »Zeugen, auch Freunden« im *Denktagebuch* zugleich mit jener Metapher umzugehen, die ihr die einzig denkbare Darstellung für das Leben des Geistes erschien: »die Empfindung des Lebendigseins« (LGD, S. 128).

»Nehmen wir z. B. an, es könnte eines Tages gelingen, die Menschen unsterblich zu machen, so würde alles Gedachte, das sich am Tod entzündete, mitsamt seiner Tiefe einfach lächerlich werden – es beruhte nicht auf dem sokratischen Nichtwissen, sondern auf einem korrigierbaren Irrtum. Es wäre durchaus möglich zu sagen, dass dieser Preis für die Abschaffung des Todes zu hoch ist.« (Hannah Arendt in einer Notiz zu Franz Kafkas *Forschungen eines Hundes*; DTB, S. 591)

Wirkung

Die Wirkung von Hannah Arendts Leben und Werk zu beschreiben ist eine Frage der Perspektive. Ihre Schriften wurden und werden – seit je mit ambivalenter Resonanz – in verschiedenen wissenschaftlichen Disziplinen rezipiert; zugleich finden sie eine breite außerakademische Leserschaft. Das Interesse an Arendts Biographie scheint die Auseinandersetzung mit ihrem Denken gelegentlich zu überformen. Die Geschichte einer Jüdin, die von den Nazis aus Deutschland vertrieben wurde, die den Totalitarismus grundlegend analysierte und den NS-Verbrecher Eichmann porträtierte, enthält zwiespältige Identifikationsangebote einer »idealen Biographie des 20. Jahrhunderts«. Arendts Wirkung erstreckt sich auf beiden Seiten des Atlantiks und reicht mittlerweile weit über die USA und Westeuropa hinaus nach Osteuropa, Asien und Südamerika.

»Ich selber wirken? Nein, ich will verstehen. Und wenn andere Menschen verstehen – im selben Sinne, wie ich verstanden habe –, dann gibt mir das eine Befriedigung wie ein Heimatgefühl.« (Hannah Arendt im Gespräch mit Günter Gaus, Oktober 1964; GG, S. 46 f.)

Von Deutschland aus gesehen

Hannah Arendts Wirkungsgeschichte in Deutschland ist von Wandlungen geprägt. Die wechselnden Perioden von Aufmerksamkeit und Desinteresse zeichnen dabei zugleich ein Bild der intellektuellen und politischen Geschichte der Bundesrepublik.

Die Willkommene, die Angesehene: nach 1945

Bevor Hannah Arendt 1933 Deutschland verlassen musste, hatte die geisteswissenschaftliche Fachöffentlichkeit ihre Dissertation über den Liebesbegriff bei Augustinus äußerst kritisch besprochen; in den frühen 1930er Jahren war Arendt mit einigen Zeitungsartikeln und Rezensionen – zum Beispiel zu

Vgl. S. 21 und S. 67 f.

Karl Mannheim, Rainer Maria Rilke oder Rahel Varnhagen – öffentlich hervorgetreten. Der Hauptteil ihrer Wirkungsgeschichte in Deutschland datiert jedoch nach 1945, als Hannah Arendt bereits in den USA im Exil lebte.

Nach 1945 tauchte Arendts Name erstmals wieder in der Zeitschrift *Die Wandlung* auf, die mit einer Auflage von 30 000 Exemplaren pro Heft ein breites Publikum erreichte. Sechs der neun Essays, die Arendt zwischen 1945 und 1949 für die *Wandlung* schrieb, erschienen 1948 als Sonderheft und entwickelten eine erstaunliche Langzeitwirkung. Zum Beispiel plante Klaus Wagenbach, diese Texte als spektakulären Eröffnungsband seines Westberliner Verlages 1964 neu herauszubringen; als die Bibliothek Suhrkamp Mitte der 1970er Jahre einen Arendt-Band vorbereitete, wurden ebenfalls jene Aufsätze der späten 1940er Jahre ausgewählt, die dann 1976 in erweiterter Form unter dem Titel *Die verborgene Tradition. Acht Essays* erschienen.

Durch ihre Zeitschriften-Präsenz war Arendt als Autorin bereits eingeführt, als ihre Totalitarismus-Studie 1951 auf Englisch und 1955 in deutscher Übersetzung erschien. Das Buch wurde in der Fachöffentlichkeit kontrovers aufgenommen, vor allem weil seine montageartige Struktur quer zu den etablierten Herangehensweisen verstehender oder erklärender Geschichtsdeutung stand. Heute gilt Arendts *Elemente und Ursprünge totaler Herrschaft*, neben der Studie *Totalitäre Diktatur* von Friedrich/Brzezinski (1957; engl. 1956), als das Grundlagenwerk der Totalitarismusforschung. Dennoch erschwerte das Klima des Kalten Krieges in Deutschland zum Zeitpunkt der Veröffentlichung die Verlagssuche für einen Band, der nationalsozialistische und stalinistische Herrschaftsmethoden zusammen analysiert. Selbst Karl Jaspers scheiterte bei seinen Bemühungen, Arendts späteren Verleger Klaus Piper von dem Buch zu überzeugen; es erschien 1955 zuerst in der Europäischen Verlagsanstalt, bevor es der Piper Verlag 25 Jahre später übernahm.

Seit 1951 war Arendt amerikanische Staatsbürgerin. In den 1950er Jahren versuchte man die vertriebene Jüdin durch Preise und Ehrungen nach Deutschland »heimzuholen«: zum

Laudatorin Hannah Arendt (rechts neben Bundespräsident Theodor Heuss) bei der Verleihung des Friedenspreises des Deutschen Buchhandels an Karl Jaspers (Mitte), 1958

Beispiel 1958 als korrespondierendes Mitglied der Deutschen Akademie für Sprache und Dichtung oder 1959 als Lessing-Preisträgerin der Stadt Hamburg. Auszeichnungen, die zugleich öffentliche Gesten der »Wiedergutmachung« waren, weshalb Arendt ihnen stets mit gebotener Distanz begegnete.

Die Unpassende, die Unabhängige: 1960er und 1970er Jahre

Das Bild von Hannah Arendt als unabhängige Denkerin kommt nicht von ungefähr. Es beruht auf der Art und Weise, wie sie als Autorin und Person öffentlich in Erscheinung trat. Als ihr Gershom Scholem während der Eichmann-Kontroverse vorwarf, sie liebe das jüdische Volk nicht, entgegnete sie ihm, »nur meine Freunde«, aber »nie irgendein Volk« lieben zu können (ASH, S. 73). Als 1971 die Einladung zu einem Festschriftbeitrag für den Philosophen Arnold Gehlen damit begründet wurde, sie sei mit ihm durch die gemeinsame Distanz zu den Linken verbunden, erklärte die Theoretikerin, sie lehne Gefolgschaftstreue, »offizielle Diffamierung« und daher den Beitrag ab – zumal nach wie vor unklar sei, was Gehlen im Dritten Reich »getan oder nicht getan« habe (HAP, Container 10/08, Blatt 007037 f.). Als Arendt in *Über die Revolution* an das freiheitliche Moment politischer Gründung erinnerte, rezensierte Jürgen Habermas das Buch 1966 mit den Worten, »bürgerlich distanziert« verkenne Arendt »die systematische Beziehung zwischen politischen Umwälzungen, und der Emanzipation gesellschaftlicher Klassen«, kurzum, ihr Philosophieren sei »zu imposanter Einseitigkeit erstarrt« (Habermas 1998, S. 223 f.); posthum stattete Habermas ihr dennoch »in aller Form meinen Dank« ab, da seine *Theorie des kommunikativen Handelns* (1981) die entscheidenden Impulse von Arendts Machtbegriff kommunikativer Praxis bezogen habe (Habermas 2000, S. 53).

Arendt am Rand

Es war eine bewusste Entscheidung Hannah Arendts, sich von keinem intellektuellen Lager, keiner gesellschaftlichen Gruppe, keiner politischen Partei vereinnahmen zu lassen. Ebenso lehnte sie es bewusst ab, eine eigene Denkschule zu gründen. Diese Haltung erforderte Mut und hatte einen Preis: den Verzicht auf »Wirkung«.

Obwohl Arendts Name während der Eichmann-Debatte 1963/64 für kurze Zeit in aller Munde war, stand sie im intellektuellen Feld der Bundesrepublik während der 1960er und 1970er Jahre am Rand. Die zentrale Position hatten zu jener Zeit Vertreter der Frankfurter Schule wie Theodor W. Adorno oder Max Horkheimer inne. Sie etablierten die Kritische Theorie als Denkschule der jungen Generation in der Bundesrepublik – an den Universitäten und darüber hinaus. Eine Studie zur Wirkungsgeschichte der Frankfurter Schule zeigt beispielsweise, dass allein Adorno in Radio- und Fernsehsendungen zu philosophischen Themen während der 1960er Jahre »eine größere Medienpräsenz vorzuweisen [hatte] als Gadamer, Heidegger und Jaspers zusammen« (Albrecht 2000, S. 228). Hannah Arendts mediales Erscheinen in Deutschland blieb dieser Statistik zufolge unter der Wahrnehmungsschwelle.

Kritische Theorie im Zentrum

Wie gering das Interesse der westdeutschen Universitäten an Arendt damals war, veranschaulicht ein Blick in den Nachlass. Während Arendts Korrespondenz mit amerikanischen Universitäten acht »Container« mit mehreren tausend Blatt Papier umfasst, beschränken sich die Briefe mit akademischen Einrichtungen in der Bundesrepublik auf wenige Blätter. Ausnahmen bestätigen die Regel: Der Kölner Politikwissenschaftler Ernst Vollrath war seit Anfang der 1970er Jahre bemüht, Arendts politisches Denken in Vorträgen, Artikeln und Büchern bekannt zu machen. An der Universität fand er damit wenig Anklang. »Die Kölner Studenten haben mich dazu bewogen,« so Vollrath 1972 in einem Brief an Arendt über das herrschende akademische Klima, »im nächsten Semester mit ihnen viel über Marx zusammen zu arbeiten. Das paßt mir nicht sehr, weil ich eigentlich vorhatte, etwas anderes zu machen, nämlich in einer Vorlesung Ihre politische Philosophie darzustellen« (HAP, Container 15/04, Blatt 010443).

Arendts »stille Präsenz«

Arendt war dennoch nicht völlig aus dem intellektuellen Feld verschwunden. Ihre Essays über »Macht und Gewalt« (1970) oder »Die Lüge in der Politik« (1971) etwa erschienen in prominenten Zeitschriften wie *Merkur* oder *Neue Rundschau,* bevor sie im Piper Verlag als Buch herauskamen; und ihr Essay über Walter Benjamin löste unter den Intellektuellen des Landes eine heftige Kontroverse um Benjamins Hinterlassenschaft aus (vgl. Schöttker/Wizisla 2006). Arendts Position glich einer »stillen Präsenz« – viele kannten ihren Namen, einige begegneten ihr mit Respekt, doch mit ihrem Denken, mit ihren Texten setzte sich kaum jemand intensiv auseinander.

Die Verfemte, die Abwesende: Leerstelle DDR

In den offiziellen Verlagen der DDR konnten die Bücher der Autorin von *Elemente und Ursprünge totaler Herrschaft* aus naheliegenden Gründen nicht erscheinen. Arendts Analyse der Herrschaftsmethoden von Nationalsozialismus und Stalinismus stand der staatsoffiziellen Geschichts- und Politikdoktrin des Antifaschismus diametral entgegen. Die in New York lebende Theoretikerin befand sich aus der Sicht des SED-Regimes in jeder Hinsicht auf der falschen Seite. Aber ließ nicht genau dieser Umstand Arendt zu einer besonders interessanten Denkerin für Oppositionskreise der DDR werden?
Erstaunlicherweise wurden Arendts Schriften von den kriti-

schen Intellektuellen der DDR kaum wahrgenommen. Ausnahmen gab es in einigen Nischen des kirchlichen Milieus. Während der 1980er Jahre hatte sich zum Beispiel ein Lesekreis um den Berliner Theologen und Philosophen Richard Schröder gebildet, wo vereinzelt Schriften Hannah Arendts diskutiert wurden. Das Interesse galt dabei aber mehr den philosophischen, weniger den politischen Texten. Erstmals verbreitete ein Samisdat-Heft des »Arbeitskreises Solidarische Kirche« im Sommer 1988 eine Auseinandersetzung mit Arendts Totalitarismuskonzept. Vielen in der DDR-Opposition schwebte als Alternative zur Diktatur der SED ein demokratisch reformierter Sozialismus vor. Arendt, die ein republikanisches Demokratiemodell nach Vorbild der USA vertrat, war hierfür eine wenig geeignete Orientierungsfigur.

DDR-Opposition

Die Wiederentdeckte, die Gefeierte: seit 1989

1982 erschien Elisabeth Young-Bruehls Biographie *Hannah Arendt. For Love of the World*, die vier Jahre später auf Deutsch herauskam. Diese bis heute einschlägige Gesamtdarstellung von Arendts Leben und Werk machte, gemeinsam mit Wolfgang Heuers rororo-Monographie (1987), auf die politische Denkerin aufmerksam. Viele linke Intellektuelle, die sich von marxistischen Lehren abgewandt hatten, suchten damals nach denkerischer und politischer Neuorientierung. Außerdem stieg das allgemeine Interesse an jüdischer Kultur und Geschichte sowie an der Erforschung des Holocaust. Unter diesen Begleitumständen wurden Arendts Arbeiten wieder interessant. Sammelbände wie *Zur Zeit. Politische Essays* (1986), *Die Krise des Zionismus* oder *Nach Auschwitz* (beide 1989) brachten den deutschen Lesern Texte nahe, die bisher nur auf Englisch vorlagen. Außerdem erschien 1985 Hannah Arendts Briefwechsel mit Karl Jaspers – das große Dokument einer Freundschaft und eines brieflichen Gesprächs über die politische Geschichte des 20. Jahrhunderts.

Neue Editionen

Das europäische Umbruchsjahr 1989 brachte nicht nur das Ende des Kalten Krieges, sondern änderte auch die Koordinaten der intellektuellen Landkarten. Vor allem in Deutschland wandelte sich die »dauerhafte Entfremdung«, von der die

Arendt-Rezeption der vorigen Jahrzehnte geprägt war, in ein Klima der Neugierde (Heuer 1997, S. 21). Hannah Arendt wurde als Denkerin des posttotalitären Moments (wieder-) entdeckt. Von den 628 Büchern, die aktuell in der Deutschen Nationalbibliothek unter dem Stichwort »Hannah Arendt« verzeichnet sind, erschienen über 500 seit dem Jahr 1989. Erstmals übersetzte und aus dem Nachlass herausgegebene Bände wie *Menschen in finsteren Zeiten* (1989), *Was ist Politik?* (1993), *Zwischen Vergangenheit und Zukunft* (1994), *In der Gegenwart* (2000) oder das *Denktagebuch* (2002) machten dem deutschen Publikum zentrale Texte Hannah Arendts zugänglich. Editionen der Briefwechsel mit Heinrich Blücher, Kurt Blumenfeld, Hermann Broch, Martin Heidegger, Uwe Johnson oder Mary McCarthy öffneten den Blick für das Leben, in dem Arendts Denken seinen Sitz hatte. Ohne diese vielen verschiedenen Texte, die innerhalb kurzer Zeit verfügbar wurden, ist die intensive Arendt-Rezeption der letzten Jahre kaum vorstellbar. Wesentlichen Anteil daran haben die Nachlassverwalter Lotte Köhler und Jerome Kohn, die Arendts Hinterlassenschaften nicht wie einen Gral unter Verschluss hielten, sondern mit umsichtiger Offenheit der Forschung und den Lesern zugänglich machten; für das deutsche Publikum hat dabei – neben vielen anderen – Ursula Ludz als Übersetzerin und Herausgeberin von Arendts Schriften besonders verdienstvolle Arbeit geleistet.

Akademische Resonanz

Seit 1995 fanden international über 30 Konferenzen zu unterschiedlichen Aspekten von Arendts Leben und Werk statt; mehr als ein Drittel davon allein in Deutschland. Seit 1999 existiert an der Universität Oldenburg ein Hannah-Arendt-Zentrum mit angeschlossenem Hannah-Arendt-Archiv, das über eine vollständige Kopie des Arendt-Nachlasses der Library of Congress in Washington D. C. verfügt; parallel dazu wurde ein Hannah-Arendt-Center an der New Yorker New School for Social Research eingerichtet. Das Hannah-Arendt-Institut für Totalitarismusforschung an der Technischen Universität Dresden hat sich der Erforschung der unterschiedlichen Totalitarismen im Europa des 20. Jahrhunderts verpflichtet. Seit 1995 wird in Bremen der Hannah-

Arendt-Preis für politisches Denken verliehen; zu dessen Preisträgern gehören unter anderem die Politiker Daniel Cohn-Bendit und Antje Vollmer, die ungarische Schriftstellerin Agnes Heller und der französische Philosoph Claude Lefort. Die Universitäten Bremen und Hannover veranstalten regelmäßig Hannah-Arendt-Lectures, Arendts Geburtsstadt zusätzlich thematische Hannah-Arendt-Tage. Der internationale Hannah-Arendt-Newsletter informiert im Internet über aktuelle Publikationen, Termine und Forschungsvorhaben (www.hannaharendt.net). Im Berliner Regierungsviertel ist eine Straße, die an das Holocaust-Mahnmal angrenzt, nach Hannah Arendt benannt. Arendts Name ziert rund ein halbes Dutzend Schulen der Bundesrepublik. Die Deutsche Bahn ließ es sich nicht nehmen, einige Jahre lang dem ICE zwischen Hannover und Berlin Arendts Namen aufzudrucken. Aus Anlass von Arendts 100. Geburtstag im Jahr 2006 finden internationale Konferenzen in Deutschland, Frankreich, Slowenien und den USA statt; Ausstellungen und Film-Porträts sollen die Denkerin einem breiten Publikum nahebringen. Künftig soll ihr Konterfei sogar eine Briefmarke der Post schmücken. So hat die Rezeption den Raum wissenschaftlicher Debatten längst verlassen – Hannah Arendt ist auf dem ambivalenten Weg, zu einer Ikone des politisch-kulturellen Lebens zu werden.

Gedenktafel am Geburtshaus Hannah Arendts in Hannover

Anzeichen für Ikonisierung

Von den USA und anderen Ländern aus gesehen

Die amerikanische Autorin Hannah Arendt war zunächst mit Artikeln und Essays in renommierten Zeitungen und Zeitschriften wie *Aufbau, Menorah Journal* oder *Commentary* in Erscheinung getreten. Auf dieser öffentlichen Präsenz basierte die Anerkennung, die sie in den USA von Beginn an, anders als in Deutschland, auch als akademische Autorin erhielt. Ihre Schriften wurden zwar meist kontrovers aufgenommen, dennoch war sie nicht nur ein akzeptiertes, sondern ein weithin geschätztes Mitglied der *scientific community* – was alles andere als selbstverständlich ist für eine Autorin, die als Exilantin in die USA kam und die sich in ihrem Denk- und Schreibstil keiner wissenschaftlichen Schule verpflichtet sah. Arendt lehrte an den angesehensten akademischen Einrichtungen ihrer zweiten Heimat, von Princeton über Chicago bis Berkeley und New York. Rund ein Dutzend amerikanischer Universitäten verlieh Hannah Arendt die Ehrendoktorwürde. Die erste Konferenz über »The Work of Hannah Arendt« fand noch zu ihren Lebzeiten, im November 1972 in Toronto statt. Darüber hinaus publizierte sie in den renommiertesten Zeitschriften des Landes – von *Partisan Review* bis zum *New Yorker*. Eine »Karriere« dieser Art wäre für eine Frau in den Ländern des alten Europa zu jener Zeit kaum vorstellbar gewesen.

Hannah Arendt als Cover-Girl der *Saturday Review*, 1951

Nach Arendts Tod wurden die Textsammlungen *Essays in Understanding* (1994), *Responsibility and Judgement* (2002), *The Promise of Politics* (2005) sowie die Korrespondenzen mit Heinrich Blücher, Karl Jaspers, Martin Heidegger und Mary McCarthy aus dem Nachlass herausgegeben. Die Sekundärliteratur, die sich seit dreißig Jahren unterschiedlichen Aspekten ihres Werkes widmet, ist von enormem Ausmaß. Mittlerweile gilt Hannah Arendt in den USA als eine der wenigen originellen und bedeutenden politischen Denkerinnen des 20. Jahrhunderts.

Großbritannien Die englische Politologin Margaret Canovan verfasste eine der besten Darstellungen von Arendts politischer Theorie, die 1992 erschien. Ihre Arbeit ist aber auch deswegen außergewöhnlich, weil Arendt im akademischen und intellektuellen Feld Großbritanniens insgesamt nur geringes Interesse entgegengebracht wird. Arendt selbst räsonierte im *Denktagebuch* »On the difficulties I have with my English readers«: Wer aus der angelsächsischen Tradition der analytischen (Sprach-)Philosophie komme, dem bleibe ihr existentielles Denken der Unterscheidungen meist fremd (DTB, S. 770 ff.).

Israel In Israel herrschte seit der Kontroverse um Arendts Prozessaufzeichnungen *Eichmann in Jerusalem* lange Zeit ein fast feindliches Klima gegenüber der politischen Denkerin. Erst im Jahr 2000 erschien ihr *Bericht von der Banalität des Bösen* auf Hebräisch. Aber schon in den Jahren davor zeigten sich Momente einer Wiederannäherung. Zum Beispiel veröffentlichte die Zeitschrift *History and Memory* 1996 ein Sonderheft über die ehemalige persona non grata. Mittlerweile finden in Israel internationale Fachtagungen statt, die – wie 1997 an der Hebrew University von Jerusalem – Arendts Zusammendenken von Politik und Philosophie, ihren Umgang mit jüdischer Identität, Holocaust und Zionismus sowie ihre Herkunft aus der deutschen Kultur kritisch untersuchen.

»Für Israelis ist die andauernde Realität der militärischen Besetzung des Westjordanlandes seit 1967 der greifbarste Faktor ihres politischen Alltags. Der Schlüssel zu Arendts gegenwärtiger Relevanz und Attraktivität besteht dabei vor allem in ihrer Einsicht, dass unter solch polarisierten Bedingungen ganz normale Menschen in der Lage sind, gedankenlos unmoralische oder sogar böse Handlungen zu begehen.« (Steven E. Aschheim über die Wirkung Hannah Arendts in Israel; Aschheim 2001, S. 10; Übs. T. W.)

Frankreich

In Frankreich werden Arendts Schriften erst seit den 1980er Jahren intensiv rezipiert. 1961 war die französische Fassung von *Vita Activa* als erstes übersetztes Buch erschienen – aber es folgte keine Beschäftigung damit. Dieses lange Schweigen ging vor allem auf Arendts Totalitarismus-Studie zurück: »Ein großer Teil der französischen Intelligenz lehnte die von Arendt durchgeführte Parallelisierung von Nationalsozialismus und Stalinismus ab« (Seitz 2002, S. 20). Später machten Philosophen wie Claude Lefort oder Paul Ricoeur die akademische Öffentlichkeit mit Arendts politischer Philosophie bekannt. Mit der Literaturtheoretikerin Julia Kristeva analysierte erstmals eine Vertreterin des Poststrukturalismus *Das weibliche Genie* Hannah Arendt (1999; dt. 2001).

Italien

Während die Arendt-Lektüren in Frankreich philosophisch geprägt sind, dominiert in Italien das Interesse für die politische Theorie. Ein Großteil von Arendts Schriften ist auf Italienisch verfügbar. Als Editoren und Übersetzer haben sich unter anderem Simona Forti und Paolo Costa verdient gemacht. Im Zuge der politischen Krisen und des Umbruchs von Parteien- und Regierungssystem am Beginn der 1990er Jahre wurde man auf Arendt als Theoretikerin des politischen Handelns aufmerksam. Paolo Flores d'Arcais zum Beispiel, Herausgeber der großen linksliberalen Zeitschrift *MicroMega*, schrieb eine viel beachtete Studie *Zur Aktualität der Theorie von Hannah Arendt* (1990; dt. 1993).

Japan In Japan erschien 2002 erstmals Hannah Arendts nachgelassener Text »Karl Marx and the Tradition of Western Political Thought« – auf Japanisch. »Bekanntlich hat Arendt mit Nachdruck die Gefahren herausgehoben, die einer modernen Gesellschaft drohen, wenn sie auf Kosten des Politischen zu viel Gewicht auf das Soziale legt«, so der Philosoph Kazuo Sato, der Arendts Schriften ins Japanische übertrug (Sato 2000, S. 53). In diesem Zusammenhang gilt das Interesse im korporativ verfassten Japan unter anderem Arendts Auffassung von der Weltlichkeit des Subjekts, das unabhängig ist und zugleich mit anderen Menschen in Beziehung steht.

Polen, Ex-Jugoslawien In Osteuropa wurden Arendts Texte vor 1989 in Polen intensiv gelesen. Die katholische Zeitschrift *Znak* und einige Literaturzeitschriften veröffentlichten Auszüge aus Arendts Schriften über Totalitarismus, Diktatur und Revolution. Vor dem Hintergrund der Solidarność-Bewegung pointierten Pawel Spiewak und Karol Sauerland in Seminaren und Artikeln das republikanische Moment von Arendts Verständnis des revolutionären Moments der Freiheit. So kennzeichnet die Geschichte der polnischen Arendt-Rezeption ein Überschreiten des akademischen Feldes hin zur »Inspiration für diejenigen Polen, die an die Möglichkeit einer radikalen politischen Veränderung glaubten« (Leszczynska 2000, S. 40). Ähnliches gilt für Teile der demokratischen Opposition um das unabhängige »Radio Free B 92« in Serbien, die während des Jugoslawien-Krieges Mitte der 1990er Jahre auf der Basis von Arendts Schriften Themen wie Diktatur, Totalitarismus oder Versöhnung diskutierten. Im slowenischen Ljubljana legt heute das von dem US-amerikanischen Investmentbanker George Soros unterstützte »Friedensinstitut für Gesellschafts- und politische Studien« im Zuge des Demokratisierungsprozesses großen Wert darauf, »seine Untersuchungen von aktuellen Bürgerrechts-, Gender- und Minderheitenfragen mit Arendts politischer Theorie zu verbinden« (Heuer 2005, S. 179 f.).

»In Brasilien sorgte der frühere Student Hannah Arendts und spätere Außenminister des Landes Celso Lafer dafür, dass alle wesentlichen Schriften Arendts auf Portugiesisch erschienen. Damit wurde es möglich, dass angesichts der zahlreichen Probleme des Landes wie der Militärdiktatur, der schwachen Demokratie, der Gewalt und Armut das Interesse an Arendt nicht nur in akademischen Kreisen, sondern auch in dem großen Bereich der sozialen Bewegungen zunahm. Bemerkenswert ist auch die Arbeit des ›Zentrums für das Studium der Gewalt‹ an der Universität von São Paulo, das die Beschäftigung mit der politischen Philosophie Arendts mit der praktischen Arbeit zum Abbau der Gewalt verbindet.« (Wolfgang Heuer über die Wirkungsgeschichte Hannah Arendts; Heuer 2005, S. 179)

Aus der Perspektive der Wissenschaften und Künste

Die Artikel und Bücher, die international über Hannah Arendt geschrieben werden, sind von einer nicht mehr zu überschauenden Vielzahl – und zugleich von einer unübersehbaren Vielfalt. Autoren unterschiedlicher wissenschaftlicher Disziplinen sind von Arendts Denken angezogen und setzen sich mit ihrem Werk auseinander: Historiker ebenso wie Soziologen, Politikwissenschaftler ebenso wie Philosophen, aber auch Schriftsteller und Künstler.

Ein Grund für diese breit gefächerte Rezeption ist Arendts – im besten Sinne – »undiszipliniertes« Denken und Schreiben. Ihre Bücher und Essays sind nicht an eine bestimmte akademische Disziplin adressiert, sind nicht als Beitrag zu irgendeinem »Forschungsstand« geschrieben. Mit Jaspers ist Arendt der Auffassung, jede tiefere Einsicht müsse popularisierbar sein: das heißt auf eine Weise mitteilbar, dass alle, nicht nur wenige Eingeweihte, daran teilhaben können. Arendt befragt in ihren Schriften die philosophische Tradition, aber sie formuliert keine Philosophie, sie analysiert historische und politische Geschehnisse, aber nicht mit den üblichen Methoden der Geschichts- und Politikwissenschaft, sie steht im Dialog mit Dichtung und Literatur, doch ihre Werke gehören nicht zur Belletristik. Sie sind Ausdruck eines leidenschaftlichen Denkens, das (politische) Vorgänge und Verhältnisse unserer Welt durch permanentes Unterscheiden zu verstehen sucht. Wer in diesen Prozess des Verstehens eintritt, kann mit Arendt über konkrete Phänomene wie Totalitarismus, Urteilskraft oder Assimilation nachdenken; ein eigenes »System« bildet dieses Denken nicht aus. Daher ist es verständlich und zugleich erstaunlich, dass Hannah Arendt trotz ihrer gegenwärtigen Popularität kein etablierter »Gegenstand« universitärer Forschung ist. Viele – oftmals institutionell ungebundene – Autoren publizieren zu unterschiedlichen Aspekten ihres Lebens und Werks. Eine integrierte Forschung indes, wie sie etwa zu Wittgenstein, Heidegger oder Benjamin existiert, gibt es für Arendt nicht. Die »eigentlichen« Arbeitsschwerpunkte der Interpreten sind meist andere. Besonders im deutschen akademischen Feld herrscht nach wie vor die Meinung, Arendts Werk fehle es an Komplexität und Substanz, um darüber ertragreich forschen zu können. Ein Zeichen der Veränderung ist das 1999 eröffnete Hannah-Arendt-Zentrum und -Archiv an der Universität Oldenburg, das sich die Aufgabe gestellt hat, mit Arendts »Nachlass die Spuren des zerstörten deutsch-jüdischen Erbes zu sichern und das Material öffentlich bereitzustellen«; dessen aktuelle Leiterin, Antonia Grunenberg, ist dort zugleich Professorin am Institut für Politikwissenschaft (Grunenberg 1999, S. 29).

Diktatur- und Transformationsforschung

Mit dem politischen Umbruch nach 1989 ist ein neues Interesse an Arendts Totalitarismus-Studie erwacht. Historiker, Politologen und Soziologen, die den Zusammenbruch der staatssozialistischen Regimes in Osteuropa verstehen wollen, greifen gezielt auf Arendts Untersuchung der konvergierenden Mechanismen von nationalsozialistischen und stalinistischen Herrschaftsmethoden zurück. In der bundesrepublikanischen DDR-Forschung dominierte lange ein modernisierungstheoretischer Ansatz, mit dem die sozialistischen Regimes »kritisch-immanent« als dem Westen vergleichbare

Industriestaaten untersucht wurden. Nach 1989 hingegen rückte eine politisch orientierte Analyse des Herrschaftsapparats in den Vordergrund, die sich nicht zuletzt auf die Arbeiten Hannah Arendts berief. So verbindet sich mit ihrem Namen eine deutliche Akzentverlagerung und methodische Öffnung in der jüngeren Diktatur- und Transformationsforschung.

Politische Theorie

Im Bereich der politischen Theorie wird immer wieder versucht, Arendt in den Kontext etablierter Ansätze und aktueller Debatten einzuordnen. Albrecht Wellmer, Seyla Benhabib und der Sammelband *Arendt und Adorno* setzen – Habermas folgend – Arendts politisches Denken und Urteilen in ein verwandtschaftlich-distanziertes Verhältnis zur Kritischen Theorie (Wellmer 1996; Benhabib 1998; Auer et al. 2003). Arendts freiheitlicher Republikanismus wird seit den 1980er Jahren in den Debatten um Zivilgesellschaft und Kommunitarismus produktiv aufgegriffen (Dubiel et al. 1990; Heuer 1992; Rose 2004). Im Anschluss an Arendts Überlegungen zum Lager, in dem die Menschen ihres elementarsten Rechts – Rechte zu haben – beraubt werden, bringt Giorgio Agamben das gegenwärtige Phänomen der heimatlosen und »überflüssigen« Menschen auf den Begriff. *Homo Sacer* nennt er die Kategorie jener Menschen, die etwa als Flüchtlinge aus Afrika in Lagern interniert sind: politisch subjektlos, auf ihr nacktes Leben reduziert (Agamben 2002).

Vgl. S. 77 ff.

Jewish Studies und Gender Studies

Für Arendt-Lektüren aus dem Bereich der Jewish Studies sowie der Frauen- und Geschlechterforschung ist *Rahel Varnhagen* und die Figur des »Paria« von zentraler Bedeutung. Gemeinsam fragen sie nach den Möglichkeiten von Leben und Denken »in der Differenz«. Grundlegende Arbeiten haben Dagmar Barnouw mit einer Studie über Arendts Denken aus der Perspektive der *German-Jewish Experience* (1990) und Bonnie Honig mit einen Sammelband zu *Feminist Interpretations of Hannah Arendt* (1995) vorgelegt. Arendt selbst stand der Frauenbewegung skeptisch gegenüber, und manche ihrer theoretischen Positionen – etwa die Unterscheidung zwischen dem öffentlichen Bereich der Politik und dem privaten Bereich des Haushalts – liegen quer zu feministischen Grundanschauungen. Seyla Benhabib meint daher: »Arendt bleibt die Mutter, die sich uns entzieht« (Benhabib 1998, S. 21).

Geschichtswissenschaft

Das Interesse der Geschichtswissenschaft an Arendt richtet sich vor allem auf ihr Darstellungsverfahren historischer Ereignisse. Zum Beispiel auf die philosophisch fundierten räumlichen Metaphern, mit denen Arendt Geschichte als »imaginäres Museum« denke, in dem historische Ereignisse wie Bilder zueinander gruppiert werden und sich gegenseitig erhellen (Vowinckel 2001, S. 213). Ein zweiter Topos, mit dem Arendt produktiv als Historiographin gelesen wird, ist das »Erzählen von Geschichte«. Das systematische Interesse dieser Zusammenschau gilt »dem Verhältnis von Erzählung, Erinnerung, Identität und Zeitlichkeit, aber auch dem Erzählen als Möglichkeit einer Gegen-Geschichte, die die Opfer der Geschichte vor Augen hat« (Althaus 2000, S. 326).

Philosophie

Ihr Verhältnis zur Philosophie erklärte Arendt mit den Worten, sie sei keine Philosophin, sondern verstehe sich als politische Theoretikerin. Anschlusspunkte ergeben sich daher vor allem zu Bereichen der praktischen Philosophie wie Ethik und Morallehre. Ein Leitthema der philosophischen Rezeption stellt dabei Arendts originelle Ergänzung des radikal Bösen um das banale Böse dar (Bernstein 1996). Das Thema des Terrors in diese Lektüre von Politik und Philosophie aufzunehmen ist seit einiger Zeit von neuer Aktualität (Villa 1999; Meints/Klinger 2004). Das »Ausbleiben einer echten Auseinandersetzung« der Philosophie nach 1945 mit dem Holocaust nimmt Peter Trawny zum Ausgangspunkt, um in seinem Buch *Die politische Ethik Hannah Arendts* zu würdigen (Trawny 2005, S. 17). Ein besonderer Reiz besteht für viele Autoren in Arendts Begriff vom Urteilen. Der implizite Anspruch, den ungeschriebenen dritten Teil ihres Buches *Vom Leben des Geistes* zu »rekonstruieren«, bleibt jedoch meist unerfüllt; den Standard formuliert nach wie vor Ronald Beiners Begleitessay seiner Edition der Arendt'schen Kant-Materialien (Beiner 1982/dt.1985 in: URT; auch Nordmann 1994; Curtis 1999; Hermenau 1999).

Ein großes Desiderat stellt nach wie vor die Untersuchung der Beziehung von Hannah Arendt und Martin Heidegger dar.

Biographische Zugänge, die von der Kolportage über psychologische Spekulationen bis zur literarischen Erfindung reichen, dominieren bisher die Rezeption und verstellen meist den Blick auf die denkerischen Wechselwirkungen. Eine der philosophisch seriösesten Arbeiten hat der Amerikaner Dana R. Villa 1995 mit seinem Buch *Arendt and Heidegger. The Fate of the Political* vorgelegt (außerdem Taminiaux 1992; Nordmann 1994; May/Kohn 1996; Hahn 2005; Lütkehaus 2005).

Denk- und Schreibstil

Der »Stil« von Hannah Arendts Denken und Schreiben ist das geheime Zentrum, um das viele Interpreten kreisen. Dabei gelingt es nur wenigen, Arendts Schriften nicht auf »Positionen« festzulegen, sondern über die besondere Bauweise der Texte die Spur des Denkens aufzunehmen. Ingeborg Nordmann zeigt einen Weg, indem sie zu den Orten führt, an denen sich Arendts wesentliche Gedankenkonstellationen »konstituieren, verändern und wieder verzweigen«, eine sich immer weiter differenzierende Topographie von Unterscheidungen, die den Leser in eine Bewegung des Selbstdenkens mit den Fragen Hannah Arendts versetzt (Nordmann 1994). Barbara Hahn entfaltet den Denkraum Hannah Arendts, indem sie entlang von Motiven, Metaphern, Zitaten die besondere Art des Auf- und Umschreibens sowie des Adressierens zeigt, mit der Arendt eine Form der Darstellung für die politischen Erfahrungen der Zeit sucht (Hahn 2005).

Schriftsteller und Künstler

Den Dialog mit den Künsten hat nicht nur Hannah Arendt in ihren Büchern, Essays oder im *Denktagebuch* gesucht – umgekehrt reagieren auch Schriftsteller und Künstler in ihren Arbeiten auf die politische Theoretikerin. Englischsprachige Dichter wie W. H. Auden, Randall Jarrell oder Robert Lowell widmeten Arendt Gedichte, diskutierten mit ihr Übersetzungen, würdigten sie nach ihrem Tod mit Erinnerungstexten. Mary McCarthy schildert, wie Arendt ihr beim Schreiben von *A Charmed Life* (1955) als innere Stimme so »ins Gewissen« geredet habe, dass sie daraufhin ganze Passagen des Romans umschrieb (AMC, S. 84).

Eine überraschende Konstellation offenbaren die Beziehungen deutschsprachiger Schriftsteller zu Hannah Arendt. Während der 1960er und 1970er Jahre traten mit Ingeborg Bachmann, Hilde Domin, Hans Magnus Enzensberger, Max Frisch, Günter Grass, Rolf Hochhuth und Uwe Johnson maßgebliche Autoren jener Zeit in Verbindung mit Arendt, die damals als Theoretikerin im intellektuellen Feld der Bundesrepublik am Rande stand. Alle genannten Autoren verhandeln in ihren literarischen Arbeiten Geschichte, Verbrechen und Nachwirkungen des Nationalsozialismus. Ihre lesenden und persönlichen Begegnungen mit Arendt hinterließen dabei Spuren: im intellektuellen Selbstverständnis und in den Texten. Rolf Hochhuth zum Beispiel integrierte Passagen aus Hannah Arendts Buch *Über die Revolution* in die Dialoge seines zweiten Stücks *Soldaten*. Hilde Domin entwickelte nach der Lektüre von *Rahel Varnhagen* im brieflichen Gespräch mit Arendt eines ihrer wichtigsten Gedichte über die Erfahrungen des Fremdseins.

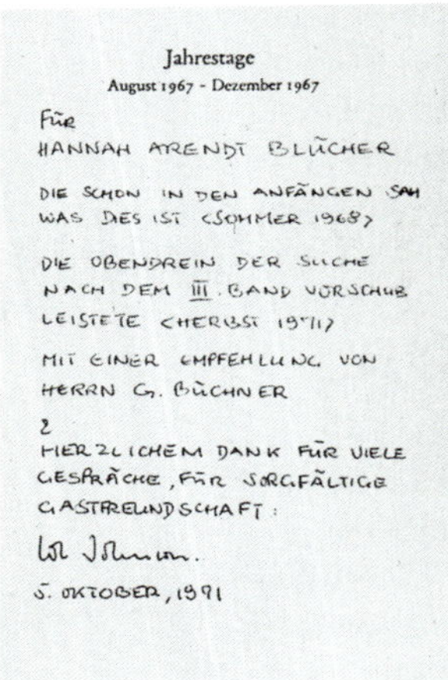
Jahrestage
August 1967 - Dezember 1967
FÜR
HANNAH ARENDT BLÜCHER
DIE SCHON IN DEN ANFÄNGEN SAH
WAS DES IST <SOMMER 1968>
DIE OBENDREIN DER SUCHE
NACH DEM III. BAND VORSCHUB
LEISTETE <HERBST 1971>
MIT EINER EMPFEHLUNG VON
HERRN G. BÜCHNER
&
HERZLICHEM DANK FÜR VIELE
GESPRÄCHE, FÜR SORGFÄLTIGE
GASTFREUNDSCHAFT:
Uwe Johnson.
5. OKTOBER, 1971

»Ich habe Ihnen ein Buch beschädigt ...« Uwe Johnson widmet Hannah Arendt ein Exemplar der *Jahrestage*, 1971

Auch nach Arendts Tod setzten sich Künstler, vor allem Schriftsteller mit ihrem Leben und Werk auseinander: Heinar Kipphardts Dokumentardrama *Bruder Eichmann* ist voller Zitate aus Arendts *Eichmann in Jerusalem*. Mit *Totenauberg* widmete Elfriede Jelinek dem Verhältnis von Hannah Arendt und Martin Heidegger ein ganzes Theaterstück. Christoph Hein skizzierte in einem Essay »Über Intellektuelle und Politik« sein Autorselbstverständnis unter Bezugnahme auf Hannah Arendt – der Intellektuelle »hat Paria zu sein«, er müsse eine Haltung der Distanz einnehmen, unabhängig und unparteiisch sein: »Er hat rücksichtslos zu berichten, das ist eigentlich schon alles« (Hein 2003, S. 103).

»If one were to write ...«

»If one were to write the intellectual history of our century [...] in the form of the biography of a single person« – wenn jemand die Denkgeschichte des 20. Jahrhunderts in Form einer Biographie schriebe, als Annäherung an das, was tatsächlich in den Köpfen der Menschen vor sich gegangen ist, müsste eine zweifache Bewegung dargestellt werden, so Arendt:

Zunächst fliehe diese Person vom Denken ins Handeln und werde anschließend, nachdem die Handlung abgeschlossen ist, zurückgezwungen ins Denken (BPF, S. 9). Diese Bewegung, die Arendt in *Between Past and Future* beschreibt, erinnert an ihre eigenen Wege und die ihrer Bücher über den Atlantik: von der Flucht der jungen Denkerin ins Handeln der Jüdin und Exilantin, von der Rückkehr der politischen Theoretikerin auf den Kontinent ihrer philosophischen Herkunft. Auf der Mitte des Weges steht bildlich gesprochen Hannah Arendts »Haus auf dem Atlantik«: im Zwischenraum des Nicht-Mehr und Noch-Nicht, jenem Ort, an dem die Tätigkeit des Verstehens angesiedelt ist, um »in der Welt zu Hause zu sein« (VP, S. 110). Dieses Haus besteht nicht aus verfugtem Gestein, sondern aus Netzen, die Arendt geknüpft hat: ein Verbindungswerk aus Freundschaften – im Denken und im Leben. Das Material dieses Gewebes können Zitate sein: Man zitiere, um Zeugen zu haben, auch Freunde, schreibt Arendt im *Denktagebuch*. Sie zitiert theoretische sowie poetische Stimmen, manche stellt sie ihren Texten als Motto voran: Platon und Aristoteles, Cato und Cicero, Augustinus und Duns Scotus, Hobbes und Machiavelli, Kant und Hegel, Marx und Tocqueville, Rahel Varnhagen und Nietzsche, Heidegger und Benjamin, Jaspers und niemals sich selbst, dafür Homer, Herodot, Shakespeare, Goethe, Proust, Dostojewski, Kafka, Dinesen, Brecht, Auden. Mit all diesen Denkern aus Vergangenheit und Gegenwart tritt Arendt in ein Gespräch. Vor allem, um die Frage zu erörtern, wie Politik angesichts der Katastrophen des 20. Jahrhunderts noch gedacht werden kann – und wie es möglich ist, dieses Denken zur Darstellung zu bringen. Eine dialogische Tätigkeit, die dem Übersetzen ähnelt, indem sie versucht, »dem Anderen im Eigenen Gehör zu verschaffen« (Reichert

Der Künstler Volker März setzt sich in seiner Figuren-Serie »Das Mädchen aus der Fremde« bildnerisch mit dem Denken Hannah Arendts auseinander, hier in Form einer inszenierten Fotografie am Berliner Holocaust-Mahnmal

Hannah Arendt zwischen »Zeugen, auch Freunden«, in ihrer New Yorker Wohnung, 1972

2003, S. 37). Wenn Arendt die amerikanischen und deutschen Fassungen ihrer Texte »neu« schreibt, statt sie »nur« zu übersetzen, vollzieht sie die gleiche Bewegung: Sie stellt den Denkvorgang zweifach dar und öffnet damit einen Raum, an dem beide Länder mit ihren politischen Geschichten und Kulturen teilhaben. Ein »Zwischenraum« von politischer Relevanz, denn er ist »offen, nicht mehr nur, daß wir den anderen, sondern daß wir einander verstehen« (Reichert 2003, S. 40).

Die Netze von Arendts Freundschaften im Denken und Leben kommen in den Widmungen ihrer Bücher zum Ausdruck: »To Heinrich Blücher« (*The Origins of Totalitarianism*), »Dem Andenken Walter Benjamins« (*Fragwürdige Traditionsbestände im politischen Denken der Gegenwart*), »Für Anne [Mendelssohn-Weil] seit 1921« (*Rahel Varnhagen*), »Für Gertrud und Karl Jaspers in Verehrung – in Freundschaft – in Liebe« (*Über die Revolution*), »For Mary McCarthy in Friendship« (*Crises of the Republic*). Die Adressaten sind Deutsche, die aus Deutschland vertrieben wurden oder das Land verlassen hatten und dann in den USA, in Frankreich oder der Schweiz lebten. Die einzige amerikanische Adressatin, Mary McCarthy, wohnte in Europa.

Dieses Beziehungsnetz zeugt von Hannah Arendts Schreib- und Denkort, der gleichsam auf dem Atlantik liegt, wo die Fäden zwischen den Kontinenten zusammen- und wieder auseinanderlaufen. Dem Zwang des Totalitarismus, der menschliche Zusammenhänge zerstört hat, setzt sie die Bewegungsfreiheit entgegen. Eingedenk dieses Bruches stiftet sie Beziehungen, die wieder Verbindlichkeit haben.

Anhang

Zeittafel

1906 14. Oktober: Hannah Arendt wird in Linden bei Hannover als einziges Kind des Ingenieurs Paul Arendt und seiner Frau Martha (geb. Cohn) geboren; beide Eltern sind aus Königsberg stammende Juden.

1909 Umzug der Familie nach Königsberg.

1913 Tod des Vaters (Martha Arendt heiratet 1920 den Witwer Martin Beerwald). – Besuch des Mädchengymnasiums in Königsberg.

1924 Abitur in Königsberg. – Beginn des Studiums der Philosophie (Hauptfach), protestantischen Theologie und griechischen Philologie an der Universität Marburg, unter anderem bei Martin Heidegger und Rudolf Bultmann.

1925 Studienortwechsel nach Freiburg und Heidelberg, wo Arendt bei Edmund Husserl und Karl Jaspers studiert.

1926 Arendt lernt Kurt Blumenfeld kennen, den Präsidenten der Zionistischen Vereinigung für Deutschland.

1928 Promotion zum Dr. phil. in Heidelberg bei Karl Jaspers.

1929 Arendts Dissertation *Der Liebesbegriff bei Augustin* erscheint in Buchform. – Heirat mit Günther Stern (Günther Anders).

1930 Arendt beginnt ihre Forschungsarbeit über deutsch-jüdische Assimilation am Beispiel Rahel Varnhagens. – Erste Publikationen als freie Autorin.

1933 Juli: Verhaftung durch die Gestapo in Berlin. – Nach der Freilassung flieht Hannah Arendt mit ihrer Mutter ins Exil nach Paris.

1933 Beginn des Pariser Exils (bis 1940).

1935 Arbeit für zionistische Organisationen, vor allem zur Rettung jüdischer Kinder. – Arendt lernt Walter Benjamin kennen.

1936 Arendt lernt Heinrich Blücher kennen.

1937 Aberkennung der deutschen Staatsbürgerschaft. – Scheidung von Günther Stern.

1940 Januar: Heirat mit Heinrich Blücher. – Fünfwöchige

Internierung als »feindliche Ausländerin« im Lager Gurs (Südfrankreich), aus dem Arendt fliehen kann. – Wiedersehen mit Blücher und Freunden in Montauban.

1941 Flucht in die USA. – Mai: Ankunft per Schiff aus Lissabon in New York, gemeinsam mit Heinrich Blücher. – Beginn der Tätigkeit als politische Journalistin, unter anderem bei der deutschsprachigen Emigrantenzeitung *Der Aufbau*.

1944 Arendt lernt Mary McCarthy kennen.

1946 Beginn einer zweijährigen Tätigkeit als Mitarbeiterin des Schocken-Verlages in New York.

1948 28. Juli: Tod der Mutter. – Die *Sechs Essays* erscheinen.

1949 Geschäftsführerin der Jewish Cultural Reconstruction (bis 1952). – Im Winter 1949 / 50 erste Europareise nach Kriegsende, dabei Wiedersehen mit Karl und Gertrud Jaspers sowie Martin Heidegger.

1950 Beginn des *Denktagebuchs*.

1951 Hannah Arendt wird, nach 17 Jahren Staatenlosigkeit, US-amerikanische Staatsbürgerin. – *The Origins of Totalitarianism* erscheint in den USA.

1955 Die deutsche Fassung des Totalitarismus-Buches wird unter dem Titel *Elemente und Ursprünge totaler Herrschaft* publiziert. – Beginn der Freundschaft mit Lotte Köhler.

1957 Die Essaysammlung *Fragwürdige Traditionsbestände im politischen Denken der Gegenwart* erscheint.

1958 Arendt wird korrespondierendes Mitglied der Deutschen Akademie für Sprache und Dichtung. – Laudatio auf Karl Jaspers (Friedenspreis des Deutschen Buchhandels). – Veröffentlichung der Bücher *The Human Condition* und *Die Ungarische Revolution und der totalitäre Imperialismus*.

1959 Arendt erhält den Lessingpreis der Freien und Hansestadt Hamburg. – Veröffentlichung von *Rahel Varnhagen. Lebensgeschichte einer deutschen Jüdin aus der Romantik*.

1960 *Vita Activa oder Vom tätigen Leben* erscheint, die deutsche Ausgabe von *The Human Condition*.

1961 In Jerusalem findet der Eichmann-Prozess statt, an dem Arendt als Reporterin für die Zeitschrift *The New Yorker* teilnimmt. – Veröffentlichung von *Between Past and Future. Six Exercises in Political Thought*.

1963 Professur mit reduzierter Lehrtätigkeit an der University of Chicago, bis 1967. – *Eichmann in Jerusalem. A Report on the Banality of Evil* wird in den USA publiziert. – Internationale Kontroverse um Arendts Bericht über den Jerusalemer Eichmann-Prozess.

1964 Die deutsche Ausgabe des Prozessberichts erscheint unter dem Titel *Eichmann in Jerusalem. Bericht von der Banalität des Bösen*. – *On Revolution* wird veröffentlicht.

1965 Arendt lernt Uwe Johnson kennen. In Deutschland erscheint *Über die Revolution*.

1967 Professur mit reduzierter Lehr- und Präsenzpflicht an der Graduate Faculty der New School for Social Research in New York (bis 1975). – Arendt erhält den Sigmund-Freud-Preis für wissenschaftliche Prosa.

1968 Die Porträtsammlung *Men in Dark Times* erscheint.

1969 26. Februar: Karl Jaspers stirbt in Basel.

1970 31. Oktober: Tod Heinrich Blüchers in New York.

1971 Grundsatzentscheidung des Bundesverfassungsgerichts (»Lex Arendt«): Jüdische Wissenschaftler können von nun an Wiedergutmachungsansprüche erfolgreich durchsetzen.

1972 Die Essaysammlung *Crises of the Republic* erscheint.

1973 Gifford Lectures an der University of Aberdeen über *Das Denken*.

1974 Mai: Hannah Arendt erleidet während des zweiten Teils ihrer Vorlesungsreihe in Aberdeen (über *Das Wollen*) einen Herzinfarkt.

1975 Sonning-Preis für Verdienste um die europäische Kultur (Dänemark).

1975 Am 4. Dezember stirbt Hannah Arendt an einem Herzinfarkt in ihrer New Yorker Wohnung.

Bibliographie

Bislang existiert keine wissenschaftliche Bibliographie der Schriften Hannah Arendts. Die vollständigste und handlichste Zusammenstellung der Texte Hannah Arendts hat Ursula Ludz besorgt, sie findet sich in: Hannah Arendt: *Ich will verstehen. Selbstauskünfte zu Leben und Werk*. Hg. v. Ursula Ludz. München 2005. – Die vielseitigste Auswahl von Sekundärliteratur zu Hannah Arendt hat Sarah Hemmen zusammengestellt in: *Hannah Arendt*. TEXT+KRITIK, H. 166/167, München 2005.

Siglen der Schriften Hannah Arendts

ABJ *»Hannah Arendt – Walter Benjamin. Briefwechsel«*. Hg. v. Detlev Schöttker/Erdmut Wizisla. In: TEXT+KRITIK, H. 166/167, München 2005, S. 58-66.

ABL *Hannah Arendt – Heinrich Blücher. Briefe 1936-1968*. Hg. v. Lotte Köhler. München 1999 (1996).

AH *Hannah Arendt – Martin Heidegger. Briefe 1925-1975*. Hg. v. Ursula Ludz. Frankfurt/M. 1998.

AJA *Hannah Arendt – Karl Jaspers. Briefwechsel 1926-1969*. Hg. v. Lotte Köhler/Hans Saner. München 1993 (1985).

AJO *Hannah Arendt – Uwe Johnson. Der Briefwechsel 1967-1975*. Hg. v. Eberhard Fahlke/Thomas Wild. Frankfurt/M. 2004.

AMC *Hannah Arendt – Mary McCarthy. Im Vertrauen. Briefwechsel 1949-1975*. Hg. v. Carol Brightman. München 1997 (1995).

ASH *»Hannah Arendt – Gershom Scholem. Ein Briefwechsel«*. In: NA, S. 63-79.

AUF *Vor Antisemitismus ist man nur noch auf dem Monde sicher. Beiträge für die deutsch-jüdische Emigrantenzeitung »Aufbau« 1941-1945*. Hg. v. Marie Luise Knott. München 2000.

AUG *Der Liebesbegriff bei Augustin. Versuch einer philosophischen Interpretation*. Berlin 2003 (1929).

BHÖ *»Das Bild der Hölle«*. In: NA, S. 49-62.

BJI *»Walter Benjamin (1892-1940)«*. In: MFZ, S. 185-242.

BPF *Between Past and Future. Eight Exercises in Political Thought*. New York 1968.

BRD *»Die Nachwirkungen des Naziregimes. Bericht aus Deutschland«*. In: IG, S. 38-63.

DTB *Denktagebuch 1950-1973*. Hg. v. Ursula Ludz und Ingeborg Nordmann. München 2002.

EIU *Essays in Understanding 1930-1954*. Hg. v. Jerome Kohn. New York 1994.

EU *Elemente und Ursprünge totaler Herrschaft*. München 1986 (1955).

EJ *Eichmann in Jerusalem. Ein Bericht von der Banalität des Bösen*. München 1986 (1964).

HC *The Human Condition*. Chicago 1998 (1958).

GG *Fernsehgespräch mit Günter Gaus*. In: *Ich will verstehen. Selbstauskünfte zu Leben und Werk*. Hg. v. Ursula Ludz. München 1996, S. 44-70.

IG *In der Gegenwart. Übungen im politischen Denken II*. Hg. v. Ursula Ludz. München 2000.

JAS *»Laudatio auf Karl Jaspers«*. In: MFZ, S. 89-98.

KRE *»Die Krise in der Erziehung«*. In: ZVZ, S. 255-276.

LES *»Gedanken zu Lessing. Von der Menschlichkeit in finsteren Zeiten«*. In: MFZ, S. 17-48.

LGD *Vom Leben des Geistes. Das Denken*. München 1998 (1979).

LGW *Vom Leben des Geistes. Das Wollen*. München 1998 (1979).

LRO *»Little Rock«*. In: IG, S. 258-279.

MHA *»Martin Heidegger ist achtzig Jahre alt«*. In: MFZ, S. 172-184.

MFZ *Menschen in finsteren Zeiten*. Hg. v. Ursula Ludz. München 1989.

MG *Macht und Gewalt*. München 1970.

NA *Nach Auschwitz. Essays und Kommentare 1*. Hg. v. Eike Geisel/Klaus Bittermann. Berlin 1989.

RJA *»Randall Jarrell (1914-1965)«*. In: MFZ, S. 335-340.

RV *Rahel Varnhagen. Lebensgeschichte einer Jüdin aus der Romantik*. München 1981 (1959).

SPR *»Sonning-Prize-Speech 1975«*. In: Responsibility and Judgement. Hg. v. Jerome Kohn. New York 2003, S. 3-14; *»Die Sonning-Preis-Rede. Kopenhagen 1975«*. In: TEXT+KRITIK, H. 166/167, S. 3-12.

UNG *»Die Ungarische Revolution und der totalitäre Imperialismus«*. In: IG, S. 73-122.

URT *Das Urteilen. Texte zu Kants politischer Philosophie*. Hg. v. Ronald Beiner. München 1998 (1982).

ÜR *Über die Revolution*. München 1974 (1965).

VA *Vita Activa oder Vom tätigen Leben*. München 1981 (1960).

VP *»Verstehen und Politik«*. In: ZVZ, S. 327-370.

VT *Die verborgene Tradition. Essays*. Frankfurt/M. 1976.

WFL *»Wir Flüchtlinge«*. In: Zur Zeit. Politische Essays. Hg. v. Marie Luise Knott. Hamburg 1999, S. 7-21.

WIP *Was ist Politik?*. Hg. von Ursula Ludz. München 1993.

WUP *»Wahrheit und Politik«*. In: ZVZ, S. 327-370.

ZAR *»Zweihundert Jahre Amerikanische Revolution«*. In: IG, S. 354-369.

ZVU *»Ziviler Ungehorsam«*. In: IG, S. 283-321.

ZVZ *Zwischen Vergangenheit und Zukunft. Übungen im politischen Denken I*. Hg. v. Ursula Ludz. München 1994.

Weitere Siglen

EYB Elisabeth Young-Bruehl: *Hannah Arendt. Leben, Werk und Zeit*. Frankfurt/M. 1991.

HAP Hannah Arendt Papers, Library of Congress, Washington D.C./USA und Hannah-Arendt-Archiv, Universität Oldenburg.

Weitere Schriften Hannah Arendts

- *»Originale Assimilation. Ein Nachwort zu Rahel Varnhagens 100. Todestag«*. In: Jüdische Rundschau vom 7. April 1933, S. 143.
- *Sechs Essays* (Schriften der Wandlung 3). Heidelberg 1948.
- *Was ist Existenzphilosophie?* Frankfurt/M. 1990 (1948).
- *Fragwürdige Traditionsbestände im politischen Denken der Gegenwart. Vier Essays*. Frankfurt/M. 1957.
- *»Durfte der Papst schweigen? Der Stellvertreter in den USA«*. In: Neue Deutsche Hefte 11 (1964), Nr. 101, S. 111-123.
- *»Hannah Arendt – Hans Magnus Enzensberger. Ein Briefwechsel«*. In: Merkur 19 (1965), Nr. 4, S. 380-385.
- *Walter Benjamin – Bertolt Brecht. Zwei Essays*. München 1971.
- *Wahrheit und Lüge in der Politik. Zwei Essays*. München 1972.
- *Crises of the Republic*. New York 1972.
- *The Jew as Pariah. Jewish Identity and Politics in the Modern Age*. Hg. v. Ron H. Feldman. New York 1978.
- *Die Krise des Zionismus. Essays und Kommentare 2*. Hg. v. Klaus Bittermann/Eike Geisel. Berlin 1989.
- *»Was heißt persönliche Verantwortung unter einer Diktatur?«*. In: NA, S. 81-97.
- *»Rosa Luxemburg (1871-1919)«*. In: MFZ, S. 49-74.
- *»Isak Dinesen (1885-1962)«*. In: MFZ, S. 107-124.
- *»Hermann Broch (1886-1951)«*. In MFZ, S. 131-171.
- *»Nathalie Sarraute«*. In: MFZ, S. 298-309.

– *»Ich erinnere an Wystan H. Auden«*. In: MFZ, S. 324-334.
– *Hannah Arendt – Kurt Blumenfeld. »... in keinem Besitz verwurzelt«. Die Korrespondenz*. Hg. v. Ingeborg Nordmann/Iris Pilling. Hamburg 1995.
– *Hannah Arendt – Hermann Broch. Briefwechsel 1946-1951*. Hg. v. Paul Michael Lützeler. Frankfurt/M. 1996.
– *»Hannah Arendt – Paul Tillich. Briefwechsel«*. Hg. von Alf Christophersen/Claudia Schulze. In: Zeitschrift für Neuere Theologiegeschichte (2002), Bd. 9, S. 88-156.
– *Responsibility and Judgement*. Hg. v. Jerome Kohn. New York 2002.
– *The Promise of Politics*. Hg. v. Jerome Kohn. New York 2005.
– *»Hannah Arendt – Alfred Kazin«*. Hg. v. Helgard Mahrdt. In: Samtiden (2005), H. 1, S. 107-154.
– *Über das Böse. Eine Vorlesung zu Fragen der Ethik*. Hg. v. Jerome Kohn. München 2006.

Literatur über Hannah Arendt

Eine ausführliche Darstellung und Kommentierung der hier aufgelisteten Arbeiten über Hannah Arendt findet sich im Abschnitt »Wirkung« unter den Überschriften »Von den USA und anderen Ländern aus gesehen« sowie »Aus der Perspektive der Wissenschaften und Künste«.

Althaus, Claudia: *Erfahrung denken. Hannah Arendts Weg von der Zeitgeschichte zur politischen Theorie*. Göttingen 2000.

Aschheim, Steven A. (Hg.): *Hannah Arendt in Jerusalem*. Berkeley u. a. 2001.

Auer, Dirk/Rensmann, Lars/Schulze Wessel, Julia (Hg.): *Arendt und Adorno*. Frankfurt/M. 2003.

Barnouw, Dagmar: *Visible Spaces. Hannah Arendt and the German-Jewish Experience*. Baltimore 1990.

Baumgart, Reinhard: *»Ein Nachwort zu Hannah Arendts Eichmann-Buch«*. In: Merkur (1965), Nr. 206, S. 482-485.

Beiner, Ronald: *»Hannah Arendt über das Urteilen«*. In: URT, S. 115-196.

Benhabib, Seyla: *Hannah Arendt. Die melancholische Denkerin der Moderne*. Hamburg 1998.

Bernstein, Richard: *Hannah Arendt and the Jewish Question*. Cambridge 1996.

Bielefeldt, Heiner: *Wiedergewinnung des Politischen. Eine Einführung in Hannah Arendts politisches Denken*. Würzburg 1993.

Canovan, Margaret: *Hannah Arendt. A Reinterpretation of Her Political Thought*. Cambridge 1992.

Curtis, Kimberley: *Our Sense of the Real. Aesthetic Experience and Arendtian politics*. Ithaca 1999.

Dubiel, Helmut/Frankenberg, Günther/Roedel, Ulrich: *Die Demokratische Frage*. Frankfurt/M. 1990.

Flores d'Arcais, Paolo: *Libertärer Existentialismus. Zur Aktualität der politischen Theorie Hannah Arendts*. Frankfurt/M. 1993.

Ganzfried, Daniel/Hefti, Sebastian (Hg.): *Hannah Arendt. Nach dem Totalitarismus*. Hamburg 1997.

Grunenberg, Antonia: *»›Ich will verstehen‹ – Perspektiven des Hannah-Arendt-Zentrums an der Carl von Ossietzky Universität Oldenburg«*. In: Hannah Arendt Newsletter, Dezember 1999, S. 28-32.

Grunenberg, Antonia/Ahrens, Stefan/Koch, Bettina (Hg.): *Totalitäre Herrschaft und republikanische Demokratie. Fünfzig Jahre »The Origins of Totalitarianism« von Hannah Arendt*. Frankfurt/M. 2003.

Habermas, Jürgen: *»Die Geschichte von den zwei Revolutionen* und *Hannah Arendts Begriff der Macht«*. In: ders., Philosophisch-politische Profile. Frankfurt/M. 1998 (1987), S. 223-248.

Habermas, Jürgen: *»Und dann erfuhr ich die philosophische Produktivität des weiblichen Blicks«*. In: du. Die Zeitschrift für Kultur, Oktober 2000, S. 53.

Hahn, Barbara: *Reflections on Love and Friendship in Hannah Arendt's »Denktagebuch«*. Oberlin 2004.

Hahn, Barbara: *Hannah Arendt. Leidenschaften, Menschen und Bücher*. Berlin 2005.

Hermenau, Frank: *Urteilskraft als politisches Vermögen. Zu Hannah Arendts Theorie der Urteilskraft*. Lüneburg 1999.

Heuer, Wolfgang: *Hannah Arendt*. Reinbek bei Hamburg 1987.

Heuer, Wolfgang: *Citizen. Persönliche Integrität und politisches Handeln. Eine Rekonstruktion des politischen Humanismus Hannah Arendts*. Berlin 1992.

Heuer, Wolfgang: *»Ein schwieriger Dialog. Die Hannah-Arendt-Rezeption im deutschsprachigen Raum«*. In: Hannah Arendt. Nach dem Totalitarismus. Hg. von Daniel Ganzfried und Sebastian Hefti. Hamburg 1997, S. 21-28.

Heuer, Wolfgang: *»›Ich selber wirken?‹ Eine Synopse der deutschen und internationalen, akademischen und nicht-akademischen Wirkungsgeschichte Hannah Arendts«*. In: TEXT+KRITIK, H. 166/167, München 2005, S. 174-182.

Hinchman, Lewis/Hinchman, Sandra (Hg.): *Hannah Arendt. Critical Essays.* Albany 1994.

Honig, Bonnie (Hg.): *Feminist Interpretations of Hannah Arendt.* Pennsylvania 1995.

Johnson, Uwe: *»›Mir bleibt nur, ihr zu danken.«‹ Zum Tod von Hannah Arendt«.* In: AJO, S. 74-77.

Kallscheuer, Otto: *»Der verweigerte Dialog. Hannah Arendt und die europäischen Intellektuellen«.* In: Die Zukunft des Politischen. Ausblicke auf Hannah Arendt. Hg. v. Peter. Kemper. Frankfurt/M. 1993, S. 142-179.

Knott, Marie Luise: *»Nachwort der Herausgeberin«.* In: AUF, S. 185-221.

Kohn, Jerome: *»Hannah Arendt and the Political«.* In: Hannah Arendt Newsletter, Dezember 1999, S. 33-39.

Kristeva, Julia: *Das weibliche Genie I: Hannah Arendt.* Berlin 2001.

Leszczynska, Katarzyna: *»Die Geschichte der Arendt-Rezeption in Polen«.* In: Hannah Arendt Newsletter, Juli 2000, S. 40-45.

Ludz, Ursula/Nordmann, Ingeborg: *»Nachwort der Herausgeberinnen«.* In: DTB, S. 825-862.

Lütkehaus, Ludger: *»›Ich will, daß Du seiest, was Du bist.‹ Hannah Arendt – Martin Heidegger: eine Liebe in Deutschland«.* In: TEXT+KRITIK, H. 166/167, München 2005, S. 28-31.

May, Larry/Kohn, Jerome (Hg.): *Hannah Arendt. Twenty Years Later.* Cambridge, Mass. 1996.

Meints, Waltraud/Klinger, Katherine (Hg.): *Politik und Verantwortung. Zur Aktualität von Hannah Arendt.* Hannover 2004.

Nordmann, Ingeborg: *Hannah Arendt. Zur Einführung.* Frankfurt/M. 1994.

Pilling, Iris: *Denken und Handeln als Jüdin. Hannah Arendts Politische Theorie vor 1950.* Frankfurt/M. 1996.

Prinz, Alois: *Von Beruf Philosophin oder Die Liebe zur Welt. Die Lebensgeschichte der Hannah Arendt.* Weinheim und Basel 1998.

Rose, Uta-D.: *Die Komplexität politischen Handelns. Die Liberalismus-Kommunitarismus-Debatte im Lichte des Denkens von Hannah Arendt.* Waldkirch 2004.

Sato, Kazuo: *Hannah Arendt in der japanischen Identitätskrise.* In: du. Die Zeitschrift für Kultur, Oktober 2000, S. 53.

Schöttker, Detlev/Wizisla, Erdmut: *»Hannah Arendt und Walter Benjamin. Stationen einer Vermittlung«.* In: TEXT+KRITIK, H. 166/167, München 2005, S. 42-57.

Schöttker, Detlev/Wizisla, Erdmut (Hg.): *Arendt und Benjamin. Texte, Briefe, Dokumente*. Frankfurt/M. 2006.

Seitz, Jakob Stefan: *Hannah Arendts Kritik der politisch-philosophischen Tradition – unter Einbeziehung der französischen Literatur zu Hannah Arendt*. München 2002.

Smith, Gary (Hg.): *Hannah Arendt Revisited: »Eichmann in Jerusalem« und die Folgen*. Frankfurt/M. 2000.

Taminiaux, Jacques: *The Thracian Maid and the Professional Thinker. Hannah Arendt and Martin Heidegger*. New York 1998.

Thaa, Winfried/Probst, Lothar (Hg.): *Die Entdeckung der Freiheit. Amerika im Denken Hannah Arendts*. Berlin 2003.

Trawny, Peter: *Denkbarer Holocaust. Die politische Ethik Hannah Arendts*. Würzburg 2005.

Villa, Dana R.: *Arendt and Heidegger. The Fate of the Political*. Princeton 1995.

Villa, Dana R.: *Politics, Philosophy, Terror. Essays on the Thought of Hannah Arendt*. Princeton 1999.

Villa, Dana R. (Hg.): *The Cambridge Compendium to Hannah Arendt*. Cambridge 2000.

Volk, Christian: *Urteilen in dunklen Zeiten. Eine neue Lesart von Hannah Arendts »Banalität des Bösen«*. Berlin 2005.

Vollrath, Ernst: *Die Rekonstruktion der politischen Urteilskraft*. Stuttgart 1977.

Vowinckel, Annette: *Geschichtsbegriff und historisches Denken bei Hannah Arendt*. Köln 2001.

Wellmer, Albrecht: *»Hannah Arendt on Judgement. The Unwritten Doctrine of Reason«*. In: May, Larry/Kohn, Jerome (Hg.), Hannah Arendt. Twenty Years Later. Cambridge, Mass. 1996, S. 33-52.

Wolff, Helen: *»Hannah Arendt«*. In: Vordenkerinnen. Zehn außergewöhnliche Lebensbilder. Hg. v. Stefan Bollmann/Christiane Naumann. München 1999, S. 113-118.

Weitere Literatur

Agamben, Giorgio: *Homo Sacer. Die souveräne Macht und das nackte Leben*. Frankfurt/M. 2002.

Albrecht, Clemens: *»Die Massenmedien und die Frankfurter Schule«*. In: Die intellektuelle Gründung der Bundesrepublik. Eine Wirkungsgeschichte der Frankfurter Schule. Hg. v. ders. et al. Frankfurt/M. 2000, S. 203-246.

Bourdieu, Pierre: *»Künstlerische Konzeption und intellektuelles Kräf-*

tefeld«. In: ders., Zur Soziologie der symbolischen Formen. Frankfurt/M. 1997 (1974), S. 75-124.

Brecht, Bertolt: *Ausgewählte Werke in sechs Bänden*. Frankfurt/M. 1997.

David, Anthony: *The Patron. Salman Schocken. A Life of 1877-1959*. New York 2003.

Die Kontroverse. Hannah Arendt, Eichmann und die Juden. o. Hg., München 1964.

Domin, Hilde: *Das zweite Paradies. Roman in Segmenten*. München 1968.

Friedrich, Carl Joachim/Brzezinski, Zbigniew: *Totalitäre Diktatur*. Stuttgart 1957.

Geier, Manfred: *Martin Heidegger*. Reinbek bei Hamburg 2005.

Gerl-Falkovitz, Hanna-Barbara: *Romano Guardini (1885-1968). Leben und Werk*. Mainz 1995.

Hein, Christoph: *Ich hielte gern Friede und Ruhe, aber der Narr will nicht. Über Intellektuelle und Politik*. In: ders., Der Ort. Das Jahrhundert. Essais. Frankfurt/M. 2003, S. 101-111.

Hochhuth, Rolf: *Soldaten. Nekrolog auf Genf. Tragödie*. Reinbek bei Hamburg 1967.

Jaspers, Karl: *Max Weber. Deutsches Wesen im politischen Denken, im Forschen und Philosophieren*. Oldenburg i. O. 1932.

Jelinek, Elfriede: *Totenauberg*, Programmbuch 97. Hg. vom Burgtheater Wien. Wien 1992.

Johnson, Uwe: *Jahrestage. Aus dem Leben von Gesine Cresspahl*. Frankfurt/M. 1970-1983.

Jonas, Hans: *Erinnerungen*. Frankfurt/M. 2003.

Kazin, Alfred: *New York Jew*. New York 1978.

Kipphardt, Heinar: *Bruder Eichmann*. Reinbek bei Hamburg 1983.

McCarthy, Mary: *A Charmed Life*. New York 1955.

McCarthy, Mary: *Birds of America*. New York 1971.

Müller-Dohm, Stefan: *Adorno. Eine Biographie*. Frankfurt/M. 2003.

Reichert, Klaus: *Die unendliche Aufgabe. Zum Übersetzen*. München 2003.

Wiese, Benno von: *Ich erzähle mein Leben. Erinnerungen*. Frankfurt/M. 1982.

Wizisla, Erdmut: *Benjamin und Brecht. Die Geschichte einer Freundschaft*. Frankfurt/M. 2004.

Nachlass-Archive

Hannah Arendt Papers, Library of Congress, Washington D.C./USA: Hier wird der Großteil von Hannah Arendts Nachlass aufbewahrt (Korrespondenz, Manuskripte, persönliche Dokumente etc). Eine Kopie dieses Bestandes befindet sich im Hannah-Arendt-Archiv der Universität Oldenburg sowie am Hannah Arendt Center der New School for Social Research in New York.

Deutsches Literatur Archiv, Marbach am Neckar: Wichtigster Bestandteil dieses Teilnachlasses ist das Original des *Denktagebuches* (mit Ausnahme des ersten Heftes, das sich in der Library of Congress befindet).

Bard College, Annadale-on-Hudson, Connecticut/USA: Das College, an dem Heinrich Blücher lehrte und auf dessen Campus Arendt und Blücher begraben sind, bewahrt in der »Arendt-Bluecher-Library« mehrere tausend Bände von deren Arbeits- und Privatbibliothek auf.

Internetadressen

http://memory.loc.gov/ammem/arendthtml/arendthome.html:
digitalisierter Teil des Arendt-Nachlasses der Library of Congress

http://www.hannaharendt.net:
Portal der internationalen Arendt-Forschung, mit Berichten, Rezensionen, Dokumenten, Bibliographie, Veranstaltungshinweisen, Links

http://www.uni-oldenburg.de/arendt-zentrum:
Arendt-Zentrum an der Universität Oldenburg, mit Kontakt zum Archiv, Information über Neuerwerbungen, Link zum Hannah-Arendt-Preis und aktuellen Hinweisen

Personenregister

Werkregister

Bildnachweis

akg-images, Berlin: 98. Arendt-Bluecher Library, Bard College, Annandale-on-Hudson: 136 (Foto: Thomas Wild). The Hannah Arendt Bluecher Literary Trust, New York: 3 (Foto: Jill Krementz), 10, 12, 14, 19, 22, 24, 31, 40, 54, 56, 57, 58, 62, 108, 128, 138 (Foto: Jill Krementz). Deutsches Literaturarchiv, Marbach a. N.: 39, 117. Detlef Horster, Hannover: 127. Uwe Johnson Archiv, Frankfurt am Main: 59 oben. Lore Jonas, Audubon: 20. Library of Congress, Washington D.C.: 63, 64, 93, 101. Volker März, Berlin: 137. Renate von Mangoldt, Berlin: 59 unten. Barbara Niggl-Radloff, Feldafing: 7. Andreas Sterzing, London: 46. SV-Bilderdienst, München: 45. ullstein bild, Berlin: 122

Für die Wiedergabe des Werkes »Das Mädchen aus der Fremde« von Volker März auf Seite 137: © VG Bild-Kunst, Bonn 2006

© The Hannah Arendt Bluecher Literary Trust, New York: 63, 64, 93, 101, 117

Alle übrigen Abbildungen stammen aus dem Archiv des Suhrkamp Verlags.

Umschlagfoto: The Hannah Arendt Bluecher Literary Trust, New York

Dank

Für die Genehmigung, Dokumente aus dem Nachlass Hannah Arendts in diesem Band erstmals zu veröffentlichen, ist dem Hannah-Arendt-Literary-Trust sowie dem Hannah-Arendt-Archiv an der Universität Oldenburg freundlich zu danken. – Herzlich bedanken möchte ich mich für professionelle Unterstützung, für freundschaftliche Gespräche bei Barbara Hahn, Wolfgang Heuer, Jerome Kohn, Lotte Köhler, Marie Luise Knott, Ursula Ludz, Erdmut Wizisla sowie bei Angela Borgwardt und Julia Ketterer.

Suhrkamp BasisBiographien

Ein spannendes Leben, ein beeindruckendes Werk, eine bleibende Wirkung – die Suhrkamp BasisBiographien erzählen von Leben, Werk und Wirkung der großen Persönlichkeiten der Weltgeschichte.

Isabel Allende Von Martina Mauritz. sb 8. 160 Seiten.
ISBN 3-518-18208-0

Hans Christian Andersen Von Gisela Perlet. sb 3. 160 Seiten
ISBN 3-518-18203-X

Hannah Arendt Von Thomas Wild. sb 17. 160 Seiten
ISBN 3-518-18217-X

Samuel Beckett Von Gaby Hartel/Carola Veit. sb 13. 160 Seiten
ISBN 3-518-18213-7

Walter Benjamin Von Momme Brodersen. sb 4. 160 Seiten
ISBN 3-518-18204-8

Thomas Bernhard Von Manfred Mittermayer. sb 11. 160 Seiten.
ISBN 3-518-18211-0

Bertolt Brecht Von Jan Knopf. sb 16. 160 Seiten
ISBN 3-518-18216-1

Buddha Von Ursula Gräfe. sb 5. 160 Seiten.
ISBN 3-518-18205-6

Bob Dylan Von Jens Rosteck. sb 18. 160 Seiten
ISBN 3-518-18218-8

Mahatma Gandhi Von Matthias Eberling. sb 19. 160 Seiten
ISBN 3-518-18219-6

Che Guevara Von Stephan Lahrem. sb 6. 160 Seiten
ISBN 3-518-18206-4

Heinrich Heine Von Joseph A. Kruse. sb 7. 160 Seiten.
ISBN 3-518-18207-2

Hermann Hesse Von Michael Limberg. sb 1. 160 Seiten
ISBN 3-518-18201-3

James Joyce Von Hans-Christian Oeser und Jürgen Schneider.
sb 21. 160 Seiten. ISBN 3-518-18221-8

Frida Kahlo Von Karen Genschow. Mit farbigen Abbildungen
sb 22. 160 Seiten. ISBN 3-518-18222-62

Klaus Kinski Von Peter Geyer. sb 20. 160 Seiten.
ISBN 3-518-18220-X

Wolfgang Koeppen Von Günter und Hiltrud Häntzschel.
sb 12. 160 Seiten. ISBN 3-518-18212-9

Christoph Kolumbus Von Frauke Gewecke. sb 14. 160 Seiten
ISBN 3-518-18214-5

Wolfgang Amadeus Mozart Von Malte Korff. sb 10. 160 Seiten.
ISBN 3-518-18210-2

Friedrich Schiller Von Volker Dörr. sb 2. 160 Seiten
ISBN 3-518-18202-1

Ludwig Wittgenstein Von Joachim Schulte. sb 9. 160 Seiten.
ISBN 3-518-18209-9